全国高等院校规划教材

大学生就业指导

主　编　于　环　才玉光
主　审　丁维光
副主编　张淑华　高　群　董　莉
编写者　(以姓氏笔画为序)
万义增　马　壮　孔　帆　曲祖乙
李　猛　杨立男　吴宝军　金祥秋
高秀秋　唐峭石　程嘉泽

科学出版社
北　京

内 容 简 介

本书依据教育部、辽宁省教育厅下发的《大学生职业发展与就业指导课程教学要求》的有关要求,以绪论作为导入部分,并对当前大学生就业形势进行了分析和探讨,依据大学生择业、就业需求,从毕业生就业程序与途径、就业心理、求职应聘技巧、协议的签订与毕业生权益保护等几方面加以详细论述。书中详尽的详解、丰富的案例和延伸阅读,对大学生提升自我素质,培养就业能力、提高就业适应性具有良好的指导作用。

本书适用于大学高年级开设就业课程使用,对从事大学生就业指导的教师和有关人员也具有较高的参考价值。

图书在版编目(CIP)数据

大学生就业指导/于环,才玉光主编.—北京:科学出版社,2013.8
全国高等院校规划教材
ISBN 978-7-03-038246-7

Ⅰ.①大… Ⅱ.①于… ②才… Ⅲ.大学生-职业选择-高等学校-教材
Ⅳ.①G647.38

中国版本图书馆CIP数据核字(2013)第176906号

责任编辑:周万灏/责任校对:宣 慧
责任印制:徐晓晨/封面设计:范璧合

科学出版社出版
北京东黄城根北街16号
邮政编码:100717
http://www.sciencep.com
北京建宏印刷有限公司印刷
科学出版社发行 各地新华书店经销
*
2013年8月第 一 版 开本:787×1092 1/16
2019年1月第六次印刷 印张:7 1/4
字数:167 000

定价:22.00元

(如有印装质量问题,我社负责调换)

前　　言

为全面贯彻落实教育部《关于做好2013年全国普通高等学校毕业生就业工作的通知》(教学〔2012〕11号)和辽宁省教育厅《关于印发〈本科院校职业发展与就业指导课程建设标准(试行)〉的通知》(辽教发〔2012〕202号)精神,进一步加强我校就业指导工作,让大学生了解国家关于毕业生就业的政策、规定,掌握求职应聘技巧,了解就业服务的基本内容,学会正确择业,依法保障自己的合法权益,学校组织人员编写了大学生就业指导教材。本书涵盖了毕业生求职就业的全过程,针对当前新的就业形势、政策及当代大学毕业生所面临的就业问题,紧密结合医学院校大学生特点。既立足于大学毕业生就业的现实,又帮助大学生从整体上构建就业的全程化知识和能力体系,特别突出了"学以致用"的指导思想。全书从就业形势分析、就业心理、求职准备、求职过程、权益保护等多方面,进行深入浅出、由点带面、循序渐进的阐述。多角度、全方位指导大学毕业生了解就业形势,树立正确的择业观念,拥有健康的就业心理,熟练运用求职技巧,从而轻松踏上就业的绿色通道。

本书体系完整,素材丰富,立足学生需要,努力贴近学生求职、择业实际,适合医学院校大学生使用。

目　　录

绪　论

我国已进入了全面建设小康社会,加快推进社会主义现代化的新的发展阶段。这个阶段,我国由高等教育"精英化"进入高等教育"大众化",并向"普及化"教育发展。在这样的新形势下,我国建立了"市场导向、政府调控、学校推荐、学生和用人单位双向选择"的就业机制。为适应社会发展要求,促进大学生充分就业,高等学校开展了大学生就业指导,满足大学生就业需要,帮助大学生实现自我价值和社会价值,促进大学生全面发展出发,帮助大学生熟悉国家的就业政策,分析就业形势,增强择业意识,转变就业观念,掌握求职技巧,提高主动适应社会的能力,从而促进大学生顺利就业。

一、大学生就业指导的意义

大学生是国家的宝贵资源,是民族的希望,是祖国的未来。如何更好地、更有效地开发大学生人力资源,促进大学生全面发展是当今社会面临的新课题。近年来,大学毕业生就业问题得到社会各方面的关注,因为它既关系到经济的发展和社会的进步,又关系到高等教育改革目标的实现,也关系到大学生自身的发展、成才和人生价值的实现。大学生不能充分和合理就业,既浪费人力资源,也加大社会经济成本。大学生就业指导在开发人力资源,引导大学生合理就业和成功就业,提高大学生职业发展能力,促进大学生全面发展等方面作用明显,不可或缺。因此,对大学生进行就业指导,具有重要的理论和现实意义。《国家中长期教育改革和发展规划纲要(2010~2020年)》和近几年的全国教育工作会议都明确要求,要加强就业创业教育和就业服务,逐步建立和完善就业创业服务体系,提升大学生的核心竞争力。

(一) 有利于国家经济建设和社会稳定

大学生是国家培养的高级专门人才,是未来高素质人才的核心,是实施科教兴国战略、实施跨世纪宏伟目标的重要力量。加强对大学生的就业指导,能够帮助大学生顺利就业,这对于落实科教兴国的战略方针,推进社会主义现代化建设具有非常重要的意义。有些毕业生盲目向往我国经济发达地区,对其他地区的工作岗位不感兴趣,却没有认识到这些地区自身的人才数量已是供大于求,对人才的要求和面对的压力也日益提高,对毕业生来说未必是最好的选择。高校通过就业指导可以对大学生进行适时的疏导,引导学生到更适合自己的地区去发展,培养学生正确的人生观、就业观和思想观。否则,人才闲置和不合理使用会造成人才浪费,也会给社会稳定带来不利影响。

(二) 有利于高等教育改革深化

高校的发展变化给学校注入了新的活力,带来更多发展的机遇,同时也加大了竞争的环境。毕业生作为高校培养成果的体现,其就业的状况清晰地展现了高校教学水平和管理措施。高校培养人才的质量,也可以在用人单位对毕业生的实际使用中得到检验和评价。高等教育是否与经济建设与社会发展相适应,通常可以通过对毕业生的需求情况反映出来。因此,面对社会的需求,学生的迫切期望,进行有效的就业指导,可以为毕业生就业做好指引,为高校未来的创建和发展打好基础。

(三)有利于提高大学生的职业素质和缓解就业压力

2013年全国普通高校毕业生规模达到699万人,比2012年增加19万人,加上历年累积的待就业毕业生人数,就业形势更加严峻复杂。近年来,高校毕业生数量一直呈上升趋势,就业压力在不断增大,大学生就业难已成为一个不争的事实。导致这一问题的因素有很多,其中有国家产业结构调整、经济发展增长和人力资源就业岗位增加不协调的问题,有毕业生所学专业与社会需要存在的结构性矛盾问题,也有毕业生职业素质不高、择业观念上的因素。对大学生进行系统的就业指导教育,不仅能使大学生正确认识职业社会,切实转变择业、就业观念,还能帮助他们努力提高自身综合素质以适应经济社会发展的需要,从而提升就业竞争力,增强社会适应能力,实现顺利就业,有效地缓解就业压力。

(四)有利于大学生的学习、就业和成才

大学毕业生就业是其人生道路上的一个重要转折点,如何实现自己的职业理想,是大学生面临的现实问题。大学生就业的过程也是受教育的过程,对大学生进行就业指导不仅是对就业的具体指导,而且是对今后事业发展的长远指导。就业是迈开事业的第一步,通过就业成就事业,实现人生价值。因此,大学生就业指导的意义在于大学生成才的全过程。

二、我国大学生就业指导教育的发展历程

(一)我国的大学生就业指导教育

新中国成立后,我国大学生就业经历了从计划经济时代的计划匹配阶段、过渡期的计划匹配为主与市场导向为辅相结合的阶段和市场经济时代的市场导向阶段等三个时期。进入20世纪90年代,我国大学生就业逐步进入市场经济时代,大学毕业生面向市场"双向选择,自主择业"的就业制度改革有了明确的体制依托。与此相应的是,高校就业指导开始了步入课程化、规范化和制度化的发展时期。

进入20世纪90年代,随着我国改革开放政策全面推进,计划经济体制向市场经济体制转变力度加强,教育管理体制改革也得以深化。高校毕业生分配方式扩大了学校与用人单位之间的相互接触,但仍以计划分配为主,只在一定范围内实行双向选择,被称为国家任务计划和调节性计划并存的双轨制。20世纪90年代初,原国家教委成立了全国高校毕业生就业指导中心,深圳大学等高校也率先建立了毕业生就业指导服务中心等就业指导专门机构,取代原来的毕业生分配办公室,并在人员、资金和设备等方面给予支持。

1992年10月党的十四大后,深化高校毕业生分配制度的改革势在必行。1993年2月,中共中央国务院颁发的《中国教育改革和发展纲要》中指出:"大部分毕业生实行在国家方针、政策指导下,通过人才劳务市场,采取自主择业的就业办法。"这从根本上确立了我国高校毕业生就业机制要从计划配置转向市场配置,从此彻底打破了我国大学生上大学由国家统包统分的制度。1994年起,全国高校毕业生就业指导中心和各省开始举办毕业生就业指导人员和任课教师培训。1995年,全国高校毕业生就业指导中心编写并出版了《大学生就业指导》教材,在全国高校试用。各高校就业指导中心的功能也开始从以管理为主转向以

指导服务为主。1995 年,国家教委办公厅发出通知,要求全国高校开设就业指导课,这逐渐成为高校就业指导的主要途径之一。

1997 年全国 1000 余所普通高校启动“缴费上学、自主择业”机制,标志着新中国成立40 多年来双包体制结束和双自体制建立。1997 年原国家教委提出逐步建立以学校为基础的毕业生就业市场,各省市都积极行动起来,召开了多种形式的专场招聘会,取得良好效果。这期间大学生就业指导作为促进大学生就业工作的一项重要内容,得到高等学校普遍认同。1997 年,全国高校毕业生就业指导中心制定了《大学生就业指导教学大纲》。各省市主管部门和高校也积极开展就业指导工作,取得了明显成效。面向学生的就业指导平台初步建立,主要有五方面功能:一是信息中介;二是学校的毕业生就业市场和毕业生推荐;三是择业技巧指导;四是有关政策咨询和毕业生离校服务;五是开设就业指导课程。

始于 1999 年的大规模高校扩招使大学生结构性失业问题与总量过剩问题同时激化,成为全社会高度关注的民生问题。2001 年全国普通高校毕业生 115 万,2004 年为 280 万,2008 年超过 350 万。就业市场供求矛盾逐渐突出,加上大学学科设置不完善、人才市场供求信息不畅、劳动人事制度不健全、大学生择业期望值过高等原因导致就业结构性失衡,使扩招后的大学毕业生就业压力逐渐增大。为此,国家采取了多种就业政策和措施。

2007 年,由美国次贷危机导致的全球性经济危机对我国大学生就业产生了重大影响。据2009 年 2 月 24 日中国新闻网报道,当时我国大学生就业率整体为 35.6% 。但对于大学生就业政策的制定和完善来说,这也是一次机遇,2007 年也成为高校毕业生就业工作的全面服务年。2007 年 4 月,辽宁省教育厅《关于加强大中专院校就业与创业指导课程建设的意见》(辽教办发〔2007〕29 号)中强调“有条件的高校要力争开设职业生涯规划教育、就业指导、创业教育等课程,逐步形成完整的就业与创业指导课程体系。”教育部办公厅 2007 年下发的《大学生职业发展与就业指导课程教学要求》(教高厅〔2007〕7 号),进一步明确职业发展与就业指导课程建设是高校人才培养工作和毕业生就业工作的重要组成部分;明确列入教学计划,作为必修课或选修课开设(经过 3 ~5 年的完善后全部过渡到必修课),并不少于 38 学时;同时提出了加强师资队伍建设,改进教学内容和方法,并落实经费保障;并规范了全国高校职业发展与就业指导课程。这标志着我国大学生职业发展与就业指导工作进入了一个新的里程碑。2010 年,辽宁省教育厅办公室下发了《关于进一步做好大学生职业发展教育的通知》(教高厅〔2010〕78 号),明确规定大学生职业发展教育不少于 26 学时;创业教育不少于 8 学时;就业指导不少于 4 学时。

2012 年辽宁省教育厅下发了《本科院校职业发展与就业指导课程建设标准(试行)》(辽教发〔2012〕202 号),要求高校将职业发展与就业指导课程作为公共必修课列入人才培养计划,并贯穿从学生入学到毕业的整个培养过程。

(二)我国大学生就业指导教育存在的主要问题

近年来,各个高校相继开展了就业指导工作,为学生顺利择业、就业提供了很多帮助。但在教育理念、教学方法和途径、实践等方面还存在一些问题,就业指导模式始终滞后于学生规模和市场导向就业机制的要求。突出表现在以下几个方面:

在就业指导的功能与内容上理解有偏差。大多高校的就业指导工作主要围绕当年的毕业生就业工作而开展。过多强调解燃眉之急,狭隘地把就业指导理解为给毕业生提供就业信息、帮助毕业生找工作、落实具体单位、追求高就业率,而忽视大学生就业指导对大学生的教育功能以及对我国高等教育改革与发展的影响。就业指导只关注“结果”,轻视“过程教育”。高校的就业指导成为“技能速成班”、“政策形势宣讲班”，没有对学生有针对性地进行调适和引导，去发现他们的职业兴趣和职业能力，从而培养他们的职业意识、职业道德和高尚的职业观，缺乏规范性、系统性和全程化的就业指导体系。

就业指导课要求教师掌握就业政策、就业指导、职业生涯规划、心理学、教育学、人力资源开发与管理、法律等多方面知识。目前，高校专业化、专职化的就业指导师资还很匮乏。就业指导缺乏有效性和针对性。很多高校的就业指导基本上采取以教师为中心的教学模式，怎么讲都由教师自己来决定。范围窄、手段旧、途径少、方法简单，缺乏对学生个性特点的专门咨询和有效指导，教学内容与毕业生专业特点结合不够紧密。

三、大学生就业指导课程教学要求——课程性质和任务

（一）课程性质

大学生就业指导是一门必修课，通过系统学习，使大学生熟悉国家的就业政策和法规，具有适应改革开放和社会主义市场经济发展需要的就业知识和技能，了解社会需求的信息，树立正确择业观、增强择业意识，掌握求职方法和技巧，不断提高主动适应社会的能力。

（二）主要任务

1. 学习本课程的目的 系统接受择业、就业思想和技巧的教育，进一步了解所学专业及职业发展方向和趋势。树立正确的择业和就业观念，把握就业形势和用人趋势，了解熟悉国家、省（市）相关大学生就业政策，掌握求职应聘的途径和方法，为顺利就业创造条件。

2. 本课程的主要内容 结合国家就业政策和就业新形势讲授，内容包括形势政策、求职技巧、毕业生就业工作程序与途径、就业心理、协议签订、权益保护等几个方面。

3. 本课程的教学要求 通过系统的教学活动，使毕业生熟悉国家的就业政策和法规，具备适应社会需要的就业知识和技能，即通过择业指导、就业指导，帮助大学生了解社会需求的信息，树立正确的择业观、就业观，增强就业意识，掌握求职的方法和技巧，提高主动适应社会需要的能力，做好就业准备，顺利迈出建功立业的第一步。

四、对大学生的学习要求

通过理论学习、模拟训练等方法，熟练掌握求职的方法和技巧，增强心理调适能力，维护个人合法权益，有效管理求职过程。正确把握就业形势和国家、各省市有关大学生就业的制度和政策，按照社会需求确立就业期望，调整就业心理，树立正确的择就业观念和就业取向。

了解我国目前就业趋势和职业必备素质和技能，了解大学生就业程序，掌握就业技巧。同时接受相关职业知识、道德、素质教育，不断提升各方面能力和素养。要将今后可能遇到的就业压力和职业发展过程中的竞争力转化为大学阶段的学习动力，自主学习，自觉成才。

推动自身职业发展。大学生在就业过程中所得到的不仅是用人单位录用或不录用的结果，还可就此过程体会用人单位对职业素质的要求，故大学生就业过程也是受教育过程。就业指导中的一些要求，如展示真实形象、锻炼表达能力、增强团队意识、遵守市场规范等，不仅是对就业的具体指导，也是对今后事业发展的长远指导。就业是迈向事业发展的第一步，不能只为就业而就业，而应通过就业来成就事业，展示人生价值。

第一章　我国当前大学生就业形势的分析及对策

通过本章学习，你将能够回答下列问题：

1. 全国大学生的就业状况及辽宁省大学生的就业形势是什么？
2. 你所在院系大学生的就业状况如何，找出存在问题的原因并加以分析。
3. 大学毕业生如何实现个体的自我完善？
4. 如何提高自身素质，更好地适应社会？

我国是一个人口众多的发展中国家，就业问题关系到国民经济发展与社会稳定，历来受到党和政府高度重视，也为社会各方面所关注。作为高校大学生，未来社会建设的主力军，他们的就业问题更是备受关注。随着高校毕业生就业制度几度变迁，从“统包统分”到“供需见面”到“双向选择”，再到一定范围内的“自主择业”，我们的毕业分配制度越来越灵活、自由，越来越尊重个人的发展意愿。用人单位可根据自己需要选择人才，毕业生可根据自己的特长、爱好选择用人单位，较大程度地实现了人力资源的优化配置。但是近几年由于各级政府机构改革、人员分流，国有企业深化体制改革、减员增效，事业单位人事制度改革，国有单位这些传统的就业领域对毕业生的需求不但没有明显增加，而且还相对萎缩，新的就业渠道如非公有制单位，由于政策和措施不配套，也不可能大量吸纳大学毕业生，使高校毕业生面临了比前些年更大的就业压力。再有随着招生规模的不断扩大，毕业生人数将成倍的增长，也带来了一系列非常深刻的问题，其中最急需解决的就是他们的就业问题，还有结构性就业不足等，对高校大学毕业生就业形势的严峻程度起了推波助澜的作用。

第一节　我国当前大学生的就业状况

一、我国当前总的就业形势

近年来，随着改革深入，我国产业结构发生了一定调整，而产业结构调整又直接影响到就业结构的变化。就目前而言，在我国就业结构中，第一产业占总数就业的49. 8%，第二产业占23. 5%，第三产业占26. 7%。基本趋势是农业部门持续下降，工业部门与服务部门持续上升，就行业分布情况来看，我国农林牧渔业就业人数仍占近50%，在第二产业中，制造业和建筑业是吸纳就业的主要部门，分别占总就业人数的12%与5%左右，服务行业中，批发、零售及餐饮服务部门所占的就业比重约7%，交通运输、仓储业及邮电通讯业约3%，社会服务业的就业占总就业的1. 24 %，我国目前总的就业形势主要面临以下几种状况：

（1）劳动力资源的增长较快，造成劳动力供给与需求的矛盾较尖锐。每年的劳动力资源增长保持在1200万以上，而进入经济活动的劳动力供给每年均增长近600万人。

(2) 持续不断的经济结构调整,技术进步和产业升级引起就业结构性调整,造成部分行业和企业不断减少就业岗位,持续产生新的再就业问题。

(3) 西部大开发战略的进一步实施,一批批项目即将开工,急需大量的人力。

(4) 我国经济持续快速增长,意味着每年保持 7% ~8% 的经济增长率。经济每增长一个百分点,可提供 80 ~100 个就业岗位,可以说社会上每年将增加 640 万以上的就业岗位。

(5) 科教兴国战略的进一步实施,科学和教育事业需要一批高级专门人才。以上这些情况势必对大学生就业产生一定的影响,而大学生毕业人数又呈逐年增长的态势。不断扩大的大学生就业队伍如图 1-1 所示。

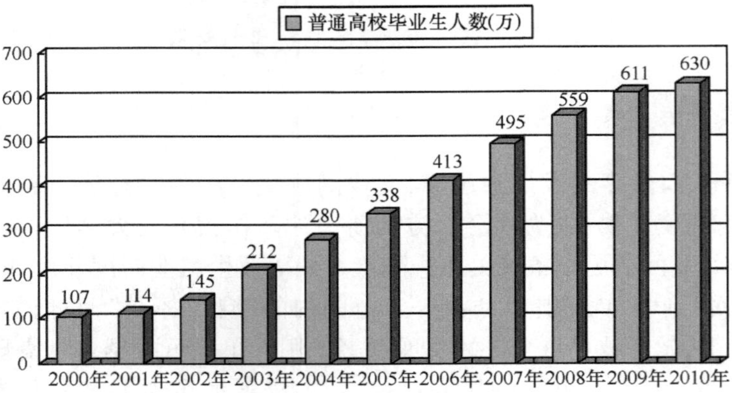

图 1-1 我国高校的大学生就业队伍 单位:万人

二、辽宁省大学生的就业形势

(一) 辽宁省大学生的就业形势

近五年辽宁省共有毕业生 553682 人,毕业生人数呈逐年上升趋势,实现就业 476471 人,平均初次就业率 86.05%。就业状况较为平稳,五年平均就业率在 85% 以上,但是灵活就业率较高,为 19.60%,毕业生就业稳定性一般。具体情况如图 1-2 和图 1-3 所示。

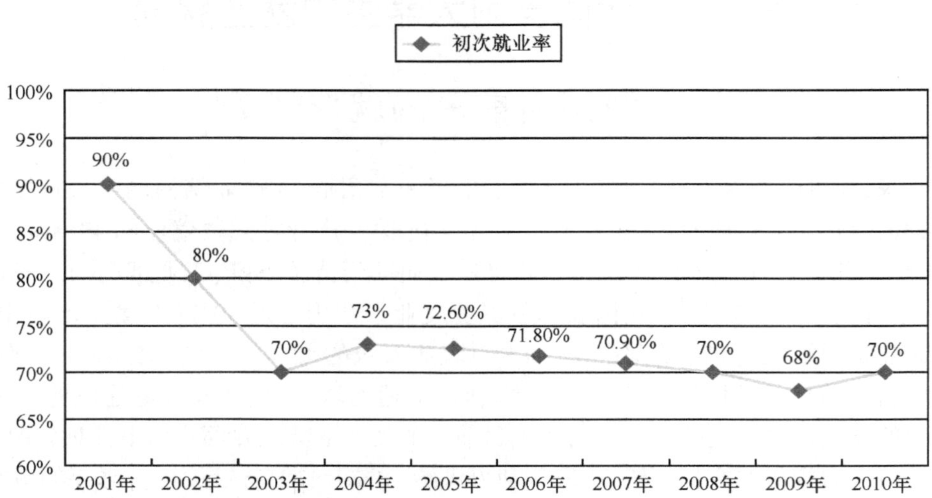

图 1-2 辽宁省大学毕业生初次就业率 单位:百分比

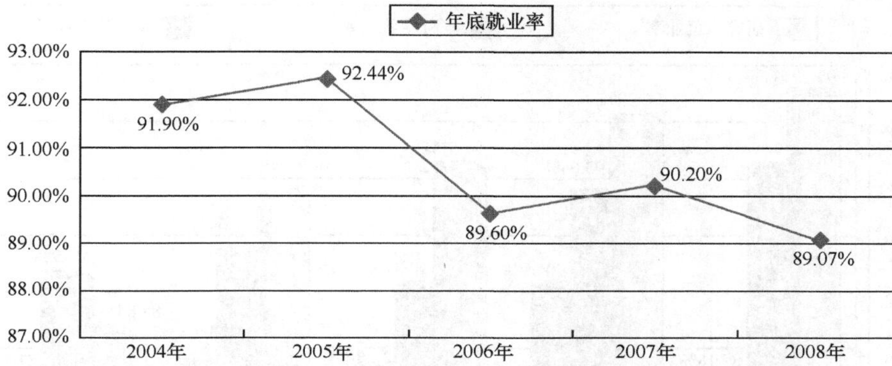

图 1-3　辽宁省大学毕业生年底就业率　单位:百分比

虽然辽宁省大学毕业生就业难情况较严重,但并不意味着大学毕业生总量已过剩。在美国,接受过高等教育的人数占全国人口数量的 35%,在日本,接受过高等教育的人数占全国人口数量的 23%,而我国,接受过高等教育的人数仅占全国人数的 5%。2009 年,全国各类高等教育总规模达到 2979 万人。如今高等教育毛入学率超过 24%,而美、英、日韩等国都在 50% 以上。辽宁省大学毕业生就业结构性矛盾突出,表现在大学生就业差异的各方面。

1. 不同层级院校之间就业状况存在差异　辽宁是中国教育大省,现有普通高等学校 115 所。从学校类别划分为部属院校、省属院校、市属高校和民营院校,具体如图 1-4 所示。

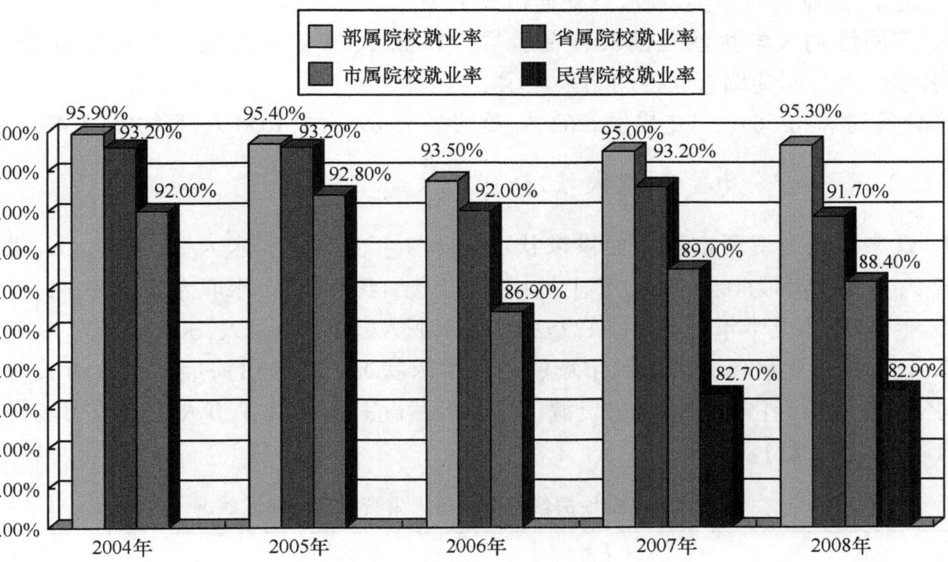

图 1-4　不同层级院校之间就业状况存在差异　单位:百分比

2. 不同学历的学生就业状况存在差异　不同学历层级的就业状况暨研究生大于本科,本科大于高职高专,具体情况如图 1-5 所示。

3. 不同学科专业毕业生就业情况存在差异　不同学科专业暨理工类大于文科类,文科专业受机关、事业单位需求缩小的影响,就业渠道变窄,就业形势严峻。2009 年上半年大连市人才市场不同专业人才供求情况,招聘单位的热点职位需求类别依次排序为:市场营销

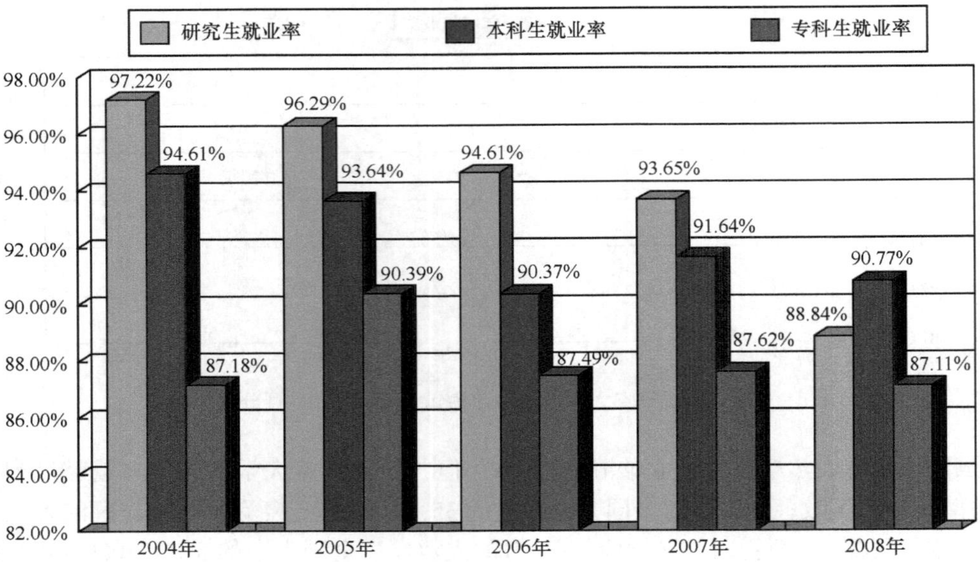

图 1-5 不同学历的学生就业状况存在差异 单位:百分比

类、财会金融类、信息技术类、餐饮酒店服务类、企划广告设计类、教育与培训类等;求职人员的意向职位类别依次排序为:行政管理类、信息技术类、市场营销类、财会金融类、机械与仪器仪表类、商业与贸易类、物流与交通运输类等。

4. 不同性别大学生就业情况存在差异 根据 2009 年 6 月我们对辽宁省 24 所院校 2320 名学生进行问卷调查获得的结果显示:

总体签约率 30.56%,其中男生 1262 人,签约率 36.69;女生 1030 人,签约率 23.4%。

(二)辽宁省人力资源供求状况

1. 辽宁省人力资源市场职业供求状况 2009 年上半年需求人数 788380 人,求职人数 975432 人,求人倍率为 0.81;2010 年上半年需求人数 1101412 人,求职人数 1249161 人,求人倍率为 0.88;2011 年上半年需求人数 1225250 人,求职人数 1003331 人,求人倍率为 1.22。

2. 辽宁省各经济区人力资源市场的职业供求状况 辽宁沿海经济带 6 市人力资源市场供求状况、沈阳经济区 8 市人力资源市场供求状况和辽西北 3 市人力资源市场供求状况如表 1-1、表 1-2、表 1-3 所示。

表 1-1 辽宁沿海经济带 6 市人力资源市场供求状况

地区	需求人数(人)	求职人数(人)	求人倍率
大连	569510	288644	1.97
丹东	36373	26692	1.36
锦州	29642	36065	0.82
营口	81790	94262	0.87
盘锦	13062	15219	0.86
葫芦岛	35713	36098	0.99
合计	766090	496980	1.54

表 1-2　沈阳经济区 8 市人力资源市场供求状况

地区	需求人数(人)	求职人数(人)	求人倍率
沈阳	146782	177396	0.83
鞍山	62826	65708	0.96
抚顺	37187	37535	0.99
本溪	54175	62946	0.86
营口	99095	118699	0.83
阜新	29531	17877	1.65
辽阳	45060	47592	0.95
铁岭	55687	67788	0.82
合计	530343	595541	0.89

表 1-3　辽西北 3 市人力资源市场供求状况

地区	需求人数(人)	求职人数(人)	求人倍率
阜新	29531	17877	1.65
铁岭	55687	67788	0.82
朝阳	26041	28264	0.92
合计	111259	113929	0.98

(三) 辽宁省人力资源市场职业供求状况的主要特征

全省人力资源市场的劳动力需求大于供给。2011 年统计,全省 14 个市及绥中县的人力资源市场需求人数为 1225250 人,求职人数为 1003331 人,求人倍率为 1.22;辽宁沿海经济带 6 市的人力资源市场劳动力供需两旺。岗位需求人数和求职人数分别占全省岗位需求总人数的 62.5% 和全省求职总人数的 49.5%;第三产业仍然是岗位需求的主体。第三产业需求人数为 763464 人,占需求总人数的 62.31%;失业人员仍然是求职人员中的主体。失业人员求职人数为 570941 人,占求职总人数的 56.90%。其中,新成长劳动力 205761 人,占 20.51%;就业转失业人员 210002 人,占 20.93%;其他失业人员 155178 人,占 15.47%;用人单位对求职者有职业资格要求的比重不高。用人单位对求职者有职业资格要求的人数为 471108 人,占需求总人数的 46.95%,没有超过半数,但与 2010 年同期相比有所上升,上升幅度为 10.44%;第一产业需求人数 32190 人,所占比重为 2.63 %;第二产业需求人数 429596 人,所占比重为 35.06%;第三产业需求人数 763464 人,所占比重为 62.31%,其中按职业分组的供求人数如表 1-4 所示。

表 1-4　按职业分组的供求人数

职业类别	劳动力供求人数比较				
	需求人数(人)	需求比重(%)	求职人数(人)	求职比重(%)	求人倍率
单位负责人	33594	2.74	21484	2.14	1.55
专业技术人员	183011	14.94	111945	11.16	1.62
办事人员和有关人员	88100	7.19	107413	10.71	0.82

续表

职业类别	劳动力供求人数比较				
	需求人数(人)	需求比重(%)	求职人数(人)	求职比重(%)	求人倍率
商业和服务业人员	509861	41.61	337702	33.66	1.5
农林牧渔水利生产人员	36216	2.96	40261	4.01	0.9
生产运输设备操作工	300269	24.51	290879	28.99	1.03
其他	74199	6.06	86787	8.65	0.85
无要求	—	—	6860	0.68	—
合计	1225250	100	1003331	100	—

三、大学毕业生的就业政策

大学生就业政策是国家就业政策中一个重要方面,大学生作为国家极其珍贵的青年人力资源,他们顺利就业对国家人才培养目标的顺利实现起着至关重要的作用,也是实现社会稳定的一个重要方面。有关政府职能部门(特别是人事部门、教育部门)担负着大学生就业政策的制定、执行和监督调控的重要作用,从国家传统计划分配到重点依靠市场实现资源的合理配置,政府部门面临着新的挑战,传统的政策观念、政策制度、政策执行体制等各个方面都会有所改变。故首要的出发点应该是如何使就业市场体系真正发挥高效配置资源的作用,这也是政府政策应该努力的方向,需要完善现有的人才市场,包括建立市场、规整市场和宏观调控市场等各个方面。从另一个角度来讲,市场并不能解决人才就业的所有问题,特别是关系到国家整体发展格局,公平的实现,这需要政府的强力介入。故一个完善的大学生就业政策应在这两方面找到一个好的均衡点,并能够协调发展。

(一) 大学生就业政策的含义

大学生就业政策是国家在一定的历史条件和历史阶段,为促进社会稳定和经济发展,国家为毕业生创造就业条件、扩大就业机会,维护毕业生和用人单位的合法权益所制定一系列的指导方针和行为准则。大学生就业政策是国家就业政策的重要组成部分,受到国家政治、经济、人事制度等因素的制约,它包括国家基本方针政策、各地方根据国家方针政策以及本地实际情况制定的地方性政策规定。

(二) 我国大学生就业政策演变历程

1. 计划经济时期大学生就业政策 从新中国成立初期到80年代中期,在计划经济体制下,我国高等教育是一种高度集中的计划管理模式,从招生到就业,无不打上了“计划”经济的历史烙印。学校按指令性计划招生,学生按计划分配,用人单位无选择权,有什么学生就接受什么学生。我们通常把这种计划经济体制下的高等学校毕业生就业政策称为“统包统分”模式。这种模式就是高等学校毕业生的就业实行由国家负责,按照计划统一分配的政策。

这种就业政策是伴随着我国长期实行的计划经济体制而产生和完善的,是与我国当时的计划经济体制相适应,体现了社会主义制度的优越性,在一定的历史时期发挥了重要的历史作用。在这种就业政策下,国家利益高于一切,尤其在建国初期,一切社会活动都是以国家利益为取向。“统包统分”的大学生就业政策,是国家在计划经济体制的影响下制订的,带有浓重的计划经济的烙印。在很长一段历史时期内,它保证了国家建设对人才的需要,在一定程度上缓解了由于我国地区差异而产生的人才需求不平衡的状况,对国家宏观调控人才流向和社会安定有一定的保障。

2. 高等教育体制转型时期大学生就业政策　改革开放以来,随着我国经济体制改革不断深入和社会主义市场经济发展及劳动人事制度改革,"统包统分"的大学生就业分配制度越来越与新的经济运行机制不相协调,越来越不适应形势发展,其弊端也逐渐显露出来。

1985 年 5 月 27 日中共中央颁布的《中共中央关于教育体制改革的决定》(以下简称"决定")是我国对高等学校毕业生就业政策改革的重要标志。"决定"中明确指出,对于国家招生计划内的学生,其毕业分配实行在国家计划指导下,由本人选报志愿、学校推荐、用人单位择优录用的制度。这样就形成了以"供需见面"为主要形式,以"双向选择"为指导目标的就业政策。1989 年 3 月,国务院转批了原国家教委提出的《高等学校毕业生分配制度改革方案》,明确提出了在过渡阶段实行以学校为主导向社会推荐就业,毕业生和用人单位在一定范围内双向选择的办法。1993 年 2 月,中共中央国务院颁布的《中国教育改革和发展纲要》再次明确了毕业生就业制度改革的目标,改革高等学校毕业生"统包统分"的就业制度,提出少数毕业生由国家安排就业,大部分实行在国家各种政策领导下,通过人才市场,采取从"供需见面"到"双向选择"的就业政策。

3. 现阶段大学生就业政策　以"双向选择"为主要特征的毕业生就业制度只是过渡性的就业政策,随着改革开放的深入和社会主义市场经济体制的建立和完善,建立以"自主择业"为主要特征的毕业生就业制度已经势在必行。

1998 年开始,大学生就业市场化改革进入实质性阶段。1998 年第一批缴费上学的大学生毕业了,按照"自主择业"的市场机制,大学走上了市场化就业道路。《国务院关于做好 1998 年普通高等学校毕业生就业工作的通知》中明确了在 90 年代,随着经济体制、政治体制和科技体制改革的深化,教育体制改革要采取综合配套、分步推进的方针,加快步伐,改革包得过多、统得过死的体制,初步建立起与社会主义市场经济体制、政治体制和科技体制改革相适应的教育新体制。首次提出,积极支持和鼓励集体企业、私营企业、联营企业和股份制企业接收毕业生。2002 年教育部在"取消限制高校毕业生包括专科(高职)毕业生合理流动的政策"中提出,允许高校毕业生跨省(自治区、直辖市),跨地(市)就业,这是大学生市场化就业的标志。在这种就业体制下,大部分毕业生将按照个人的能力、条件到市场参与竞争,而不再依靠行政手段由国家保证就业;用人单位也只能用工作条件及优惠待遇吸引毕业生,不能等待国家用行政命令的办法给予保证;而高等学校作为就业工作的中介,主要为毕业生"自主择业"提供服务。

(三) 我国现行大学生就业政策及其实施现状

1993 年,我国开始实行"自主择业、双向选择"的大学生就业制度改革试点,即实行大学毕业生在国家方针政策指导下,通过人才劳务市场,采取"自主择业"的就业办法,受到社会各界的高度重视。尤其是在 2002 年,当年的大学毕业生达到了 145 万人,比上一年度的 115 万人增加了 26%,是新中国成立以来毕业生人数最多的一年。2002 年 2 月 8 日,教育部等四个部委联合发布了《关于进一步深化普通高等学校毕业生就业制度改革有关问题的意见》,在强调前些年提出的促进大学生就业的一些措施的同时,更是提出了诸多的新的对策,如鼓励大学生到基层、西部就业,解决非公有制单位聘用高校毕业生的有关问题,制订鼓励人才合理流动的政策等。更重要的是将毕业生就业情况与大学办学资源的分配直接联系起来,首次提出了“要进一步加大社会急需专业的招生数量,控制长线专业的发展规模,对教学质量不高、专业设置不合理而导致高校毕业生就业率过低的学校和专业,要减少招生数量,直至停止招生”,将就业率与招生数量结合起来。而在 2002 年 9 月 12 日教育部、公安部、人事部、劳动保障部所颁布的《关于切实做好普通高等学校毕业生就业工作的通知》中,更是将大学生就业率与招生、经费投入、高校评估等挂钩。

2003 年是普通高等学校扩招本科学生毕业的第一年,2003 年 4 月 25 日,教育部发布了《关于进一步深化教育改革,促进高校毕业生就业工作的若干意见》意见,进一步指出要将某一高校或地区毕业生就业率和高校设置、专业设置、招生数量、高校教学工作评估、新增硕士、博士点等工作适当挂钩,如对连续三年本专科毕业生初次就业率低于全省平均就业率的高校要控制其专业总数,每增设一个新专业的同时,要撤销一个旧专业,引导学校进行专业结构调整。同样,部分地方政府和教育主管部门在执行国家有关规定同时,更是将经费划拨、工作评估与就业率结合起来,有的地方甚至要求各高校要实施毕业生就业“一把手”工程,签订目标责任书,对就业率较低的高校第一、二责任人,不得评优受奖、晋职晋级。

2004 年 4 月 17 日,国务院办公厅发布了《关于进一步做好 2004 年普通高等学校毕业生就业工作的通知》,通知要求建立完善的高校毕业生就业情况报告、公布、督查和评估制度,建立高校布局结构、发展规划、专业设置、招生规模、办学评估、经费投入、领导班子考核等工作与毕业生就业挂钩的管理制度和工作机制。

2007 年,教育部、人事部等 5 部委共同宣布了 5 项新政策促进大学生就业。一是鼓励毕业生面向基层就业,通过助学贷款代偿、考研究生和考公务员加分、生活费补贴等手段鼓励毕业生去基层工作。二是完善对高校毕业生的社会保障体系。教育部部长周济要求:“对高校毕业生以灵活方式就业,到基层就业的,要在户籍管理、劳动关系形式、社会保险缴纳和保险关系接续等方面提供保障,认真做好未就业毕业生的失业登记工作,为他们提供职业介绍,培训等系列服务。”三是要求所有高校都必须成立专门的就业指导服务机构,同时要将就业指导课列入必选课。四是完善就业工作评估体系,从 2008 年起,在教学评估中突出对就业状况的考察。五是完善实践教学体系,高职院校 80% 的学生毕业时要获得双证书,也就是毕业证书和职业资格证书。

四、我国目前大学毕业生的就业趋势

1989 年国务院批转的国家教委《关于改革高等学校毕业生分配制度的报告》与《高等学校毕业生分配制度改革方案》中提出了大学生就业“双向选择制度”。1997 年,全国高校全部实行并轨招生,逐步建立“上学自己交纳学费、毕业后多数人自主择业的机制”。随着社会主义市场经济体制逐步建立,高校毕业生分配制度几经变迁,从“统包统分”到“供需见面”到“双向选择”到“一定范围内自主择业”,越来越灵活、自由,越来越尊重个人发展意愿,尤其是“双向选择”制度以后,原来低效劳动,就业结构僵化、失调,隐性失业严重,政府和国家企业包袱沉重等一系列问题逐步得到改善。可是,目前在经济发展状况、就业环境、就业体制、人事制度等外在客观原因与大学生个体的择业观念、就业准备、职业设计等主观因素作用下,大学生就业形势受到极大影响,使大学生就业出现多种多样的情况,当前大学生就业的形势主要表现在以下几个方面。

首先是学科的两极分化与专业对口观念的淡化。由于高等学校培养人才直接面向市场,人才市场的需求成为大学学科与专业设置和调整的指南针,而人才市场表面上似乎是人才过剩,实际上我国高等教育仍不能满足社会对人才的总体需求。只是部分行业和部门对于人才规格的需求不同而已,造成有些工作没人去做,有些人则没有工作的状况。一般说来,高校设置的专业,社会上都有一定的需求,可是由于社会经济的不断发展变化,产业结构处于不断的调整之中,社会对一些具体的专业需求并不能保持恒定,因而造成专业需求有阶段性的"冷"、"热"波动。据调查显示,理工类大学生择业时注重专业对口的仅占16%,专业性很强的财经类、外语类毕业生注重专业对口的也只有30%和42%。这表明,大学生在择业时,专业对口意识正逐步淡化。在用人单位上,特别是备受大学生喜欢的外资企业或跨国集团公司,如宝洁公司、大华咨询、汇丰银行在录用应届毕业生时,对专业都不加以限制。用人单位在招聘人才时最看重的是综合能力,不完全是专业知识。普通高校毕业生分院校类型的人数及构成和分学历层次的高校毕业生比例如表1-5和图1-6所示。

表1-5　普通高校毕业生分院校类型的人数及构成　　　单位:百分比

	2009年		2010年	
	人数	%	人数	%
"985"院校	328805	5.7	331497	5.3
"211"院校	396633	6.9	402439	6.5
一般本科院校	2459943	42.9	2565499	41.3
高职高专院校	2017781	35.2	2305416	37.1
科研院所和军事院校	30822	0.5	19091	0.3
独立学院	432291	7.5	510410	8.2
其他	71892	1.3	81183	1.3
合计	5738167	100	6215535	100

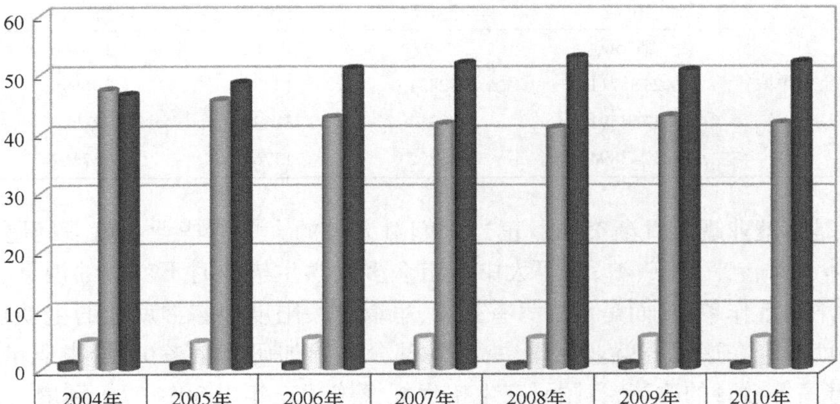

	2004年	2005年	2006年	2007年	2008年	2009年	2010年
博士	1.1	1	0.9	0.9	0.8	0.9	0.8
硕士	5	4.7	5.3	5.5	5.3	5.5	5.4
本科	47.4	45.7	42.8	41.7	41	43	41.8
专科	46.6	48.6	51	51.9	52.9	50.7	52.1

图1-6　分学历层次的高校毕业生比例　　单位:百分比

其次是不同学历、不同院校的毕业生即时就业率存在很大差距。对于学历不同的大学生,普遍情况是毕业生学历层次越低,即时就业率也越低。院校的不同,其毕业生就业率也存在差异。近几年,全国知名的重点大学和省属重点大学始终是人才市场中的佼佼者。由于它们拥有较好的教学设备、大批大师级的专家学者教授,有的是国家两院院士,有的是博士生导师,培养的学生因此受到用人单位的青睐。具体表现在此类院校较高的大学生就业率上。毕业生就业地点分布图如表1-6所示。

表1-6 毕业生就业地点分布图 单位:百分比

	2006年	2007年	2008年	2009年	2010年
直辖市	11.5	10.3	9.4	9.2	8.7
省会城市	37.3	34.5	36.6	32.5	31.5
计划单列市	5.2	5.3	4.3	4	5
地级市	29.6	31.4	29.8	34	33.6
县级市	8.8	9.1	11	10.5	11.1
县	7.5	9.4	8.9	9.8	10.2

再次是毕业生就业方向呈多元化的趋势,但就业意向厚薄不均。一是近年来,随着国有大中型企业经营情况的改善,其对大学生的需求量略有回升,外资、外商等非公有制企业对大学生的需求量在不断增加。尤其是“三资”企业,工资高、待遇好;人事关系相对简单些,人员来去自由;具有竞争性。对大学毕业生有较大的吸引力。2010年,京津沪地区净流入126683人,东部地区(不含京津沪)净流入153815人。中部地区净流出240013人,西部地区净流出40375人。毕业生流动呈现“孔雀东南飞”、“一江春水向东流”趋势与就业单位类型比重如表1-7、图1-7所示。

表1-7 毕业生流动趋势呈现“孔雀东南飞”和“一江春水向东流”(以2010年为例)

	生源地为该地的毕业生数	该地生源在该地就业的毕业生数	未回到该生源地就业的毕业生数(流出)	外地生源到该地就业的毕业生数(流入)	流入与流出比
京津沪地区	252560	241497	11063	137746	12.5
东部地区(除京津沪)	2185711	2042831	142880	296695	2.1
中部地区	1754591	1438317	316274	76261	0.2
西部地区	1243894	1086252	157642	117267	0.7

最后是不就业现象日渐突出。正当人们对大量的大中专毕业生就业问题表示密切关注时,媒体上却传来了京、沪、津等大中城市众多大学生毕业时不就业的消息。不就业,并非代表找不到工作单位,而是他们另有打算,争取更大限度地掌握就业的主动权,是为了明天更好的就业。在这批不就业大军中,有一部分人参加研究生考试,给求职增添砝码。近几年,随着高等教育的改革,我国研究生招生规模连续三年以30%的比例增长。截至1999年8月底,全国共授予硕士学位48万多人,博士学位5万多人。2000年,研究生招生人数为12万人,到2001年,研究生招生人数达到16万人,比2000年增长32.9,其中硕士生12.7万人,博士生3.2人,而报考2001年研究生总人数达460225人,其中应届毕业生20万人,占报考人数的43.5%。根据有关资料显示,1997年全国八大省市大学生思想流动调查显示,有42.6%的大学毕业生希望毕业后考硕士、博士,居第一位。自1998年以后,考研正

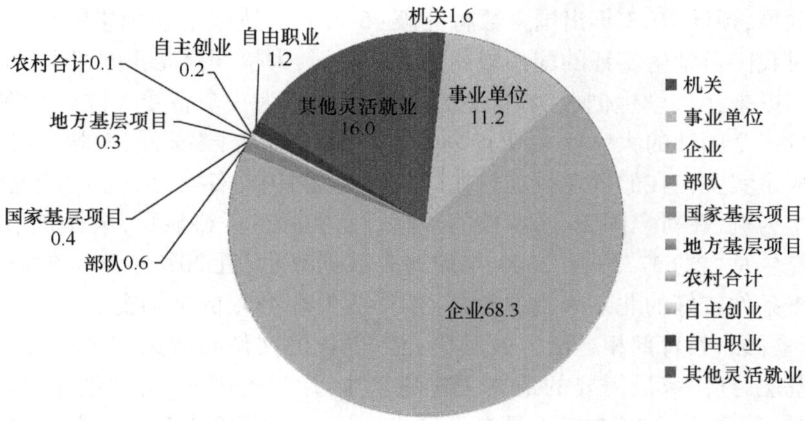

图 1-7　2010 年就业单位类型比重　单位:百分比

以每年 20 % ~30% 的比例增加。考研报名人数和增长率及录取人数对照如表 1-8 所示。

表 1-8　考研报名人数和增长率及录取人数对照

年份	报名人数	报名增长率	录取人数	考录比例
2012	165.6	9.6%	51.7	3.2∶1
2011	151.1	7.9%	49.5	3∶1
2010	140.6	12.80%	47.2	2.9∶1
2009	124.6	3.80%	41.5	2.9∶1
2008	120	—	39	3.0∶1
2007	128.2	0.80%	36.4	3.5∶1
2006	127.12	8.40%	40.28	3.2∶1
2005	117.2	24%	32.494	3.6∶1
2004	94.5	18.50%	33	2.9∶1
2003	79.7	27.70%	27	2.9∶1
2002	62.4	35.70%	19.5	3.2∶1
2001	46	17.30%	11.05	4.2∶1
2000	39.2	22.90%	8.5	4.6∶1
1999	31.9	16.40%	6.5	4.9∶1
1998	27.4	13.20%	5.8	4.7∶1
1997	24.2	—	5.1	4.7∶1

还有一部分毕业生选择出国留学。留洋是大学生毕业时的又一种选择。据教育部统计,2011 年度我国出国留学人员总数为 33.97 万人,其中:国家公派 1.28 万人,单位公派 1.21 万人,自费留学 31.48 万人。2011 年度各类留学回国人员总数为 18.62 万人,其中:国家公派 0.93 万人,单位公派 0.77 万人,自费留学 16.92 万人。2011 年度与 2010 年度的统计数据相比较,我国出国留学人数和留学回国人数均有进一步增加。出国留学人数增加 5.50 万人,增长了 19.32%;留学回国人数增加 5.13 万人,增长了 38.08%。从 1978 年到 2011 年底,各类出国留学人员总数达 224.51 万人。截至 2011 年年底,以留学身份出国,在外的留学人员有 142.67 万人,其中 110.88 万人正在国外进行相关阶段的学习和研究。改革开放以来,留学回国人员总数达 81.84 万人,有 72.02% 的留学人员学成后选择回国发

展。据业内预测,预计2013年出国人数将突破45万人。造成上述现象的另一个原因是外国有关部门对我国留学生签证的配额限制被逐渐取消,大幅度提高我国留学生的签证率。

一段时间以来,“大学生创业”在国内众多高校中成为一个备受关注的话题。1999年,国内首次举行了全国性的大学生创业计划竞赛。而一些敢于先行的大学生已将纸面上的创业计划变成了实实在在的创业行动。在这些创业大军中,多数为毕业的研究生。以1999年毕业研究生为例,在对全国29所院校的毕业研究生调查资料显示,选择自己创业的人数占总毕业研究生总数的37.2%。2000年的调查数据显示,近20%～30%的研究生选择自己创业。对于条件较好的北京来说,2000年的毕业生有48%的被调查学生对自己创业积极赞成,并敢于去做。教育部相继出台鼓励毕业生创业的文件与政策:“要引导、鼓励和教育毕业生面向基层,到国家最需要的地方去建功立业,走艰苦创业、科技创业、自己创业的成才之路。”另外,我国已于2000年1月1日起实行《个人独资企业法》,大幅度降低了开办企业的条件,如对最低注册资本金没有规定,使得大学生自主创业变得更加容易。

总体上讲,高等学校毕业生就业由于受主客观等多种因素影响,使其呈现出多元化现象。客观上说,市场经济体制的逐步确立,使大学生主体价值观念发生深刻变化,自立,竞争,公平,效率等时代意识明显增强。从整体看,多种价值观念并存;从个体看,多数学生尚未形成完整的、稳定的人生价值观念,在一些问题上常表现出矛盾或多变状态。如过多考虑个人志向、利益,轻视国家和社会的需要;对自己的条件和实力不能准确定位;择业技巧缺乏、急切近利等,使大学毕业生的职业价值评价、职业选择标准和择业行为取向受到消极影响。处理好大学生就业问题,既可以促进我国经济发展,又可以维护社会稳定。

第二节　影响大学毕业生就业形势的分析

一、我国加入WTO对未来就业形势的影响

联合国前秘书长加利在1992年联合国日致辞时说:“第一个真正的全球性的时代已经到来了。”经济全球化是世界经济发展的必然趋势,是全球经济市场化。我国在历时13年的马拉松式的艰苦谈判之后,终于成为世界贸易组织中的一员,使我国的经济全面融入国际化的潮流中,成为全球一体化经济的重要组成部分。这不仅对我国的商品市场、金融市场造成直接冲击,同时也对我国的劳动就业产生一定影响,主要体现在以下几个方面:

1. 从长期看,依托国内生产总值增长,可扩大就业总量　加入WTO后,我国的政策、法治和投资环境必然发生变化,可以提高劳动力资源的配置效率,促进技术进步和总要素生产率的增长,大大改善我国经济增长的质量和效益,这种变化具有明显的就业创造的长期效应。当前,国内外研究机构就我国加入WTO对就业的影响进行了许多分析。据美国某调查机构分析,我国由于加入世贸组织,至少可以解决1000万个就业机会。而国际失业与就业委员会与中国一家机构的调查测算,中国每年将提高GDP近3个百分点,可增加1200万个就业机会。这是一个乐观的估计,从长远来看,WTO的加入势必会促进我国国内生产总值和就业增长明显地上一个新台阶。

2. 大量外资的涌入会造成失业率上升　随着我国加入WTO,我国将进一步降低关税,减少关税壁垒,更多地把投资领域和市场向外国资本和跨国公司开放。外资企业依靠其技术、质量、价格、品牌等优势进入国内市场。相应地会吸纳部分劳动力就业。但是由于外资

企业多为资本密集型企业，资本的有机构成较高，所吸纳的劳动力有限，其所造成的失业远比其所吸纳的就业多。外资企业的进驻预示着更多外国商品和服务涌入国内，国内企业生存环境恶化，短期内国企效益大滑坡，更多的国企职工下岗失业，失业率上升，从经济逻辑来看，失业率上升导致职工收入下降，职工收入下降则使消费萎缩，消费萎缩则加剧有效需求不足，造成产品积压，开工不足，失业率上升，从而陷入恶性循环。

3. 国际性劳务输出对我国劳动力就业的影响　假如没有人为的劳动力流动阻碍，不存在劳动力市场的分割，入世后的我国劳动力国际性流动将大大增加，可是由于受到现实条件的制约，这种流动不可能会以较大规模的形式发生，由于富裕国家普遍执行严格的移民控制措施，可以得到移民的大多数为科技人才、医生、一些具特殊才能和贡献的人士。所以说国际性的劳务输出不仅不能减缓我国的就业压力，只能会造成我国人才流失。

4. 入世负效应与国有企业下岗职工走出失业中心的高峰不期而遇，带来巨大失业风险　入世初期，正值我国新旧体制全面交替，90 年代后期大量进入再就业服务中心的下岗职工，在 2003 ~ 2004 年将面临出中心的问题，这部分人员大约为 300 万人。另外再加上农村转移的富余劳动力和入世导致的新一轮结构调整所产生的失业人员，使劳动力供大于求的矛盾更加尖锐。

5. 结构性失业会因入世而变得日渐加剧　结构性失业主要指原有劳动力技能不能适应就业岗位需要的失业现象。入世后，企业将直接面对的是更加激烈的市场竞争，而提升企业竞争力的一项重要内容是通过在职教育的培训、人员流动和竞争机制，实现企业内人力资源的有效配置。因此，入世后劳动力供给结构与需求结构不相吻合的矛盾将成为解决就业的主要障碍。由此可见中国市场上人才的竞争将空前激烈，尤其是对高技术产业的技术人才市场而言更是如此。一方面我国劳动力市场上存在大量的失业劳动力，另一方面是高级人才奇缺，劳动力结构与劳动力需求结构严重背离，就业结构性矛盾更为突出。

6. 对未来就业的人员提出更高的要求　21 世纪的人才短缺将是一个世界现象，中国加入 WTO，国门将进一步开放，国内外交流会更加频繁，信息共享、人才共用将会体现得更加明显，人才出入会更加自由，中国与其他国家尤其是发达国家之间的人才竞争会进一步加剧。社会对人才的界定，不仅会对学历和职称等作出规定，更重要的是对人才的内在素质提出更高的要求。国外跨国公司为了迅速占领中国市场，提高竞争力，将不遗余力地抢夺中国的优秀人才，从而使国内人才竞争进入白热化状态。可以说 21 世纪是经营人才的世纪，而人才的内涵会随着经济和社会的发展逐步升华。加入 WTO 的中国对人才的标准提出更高的要求。2000 年 7 月瑞士洛桑国际开发研究院发表的 2000 年度《国际竞争力的报告》指出，中国科技竞争力继从 1998 年的第 13 位下滑到 1999 年的第 25 位后，2000 年又下降到第 28 位。这充分表明我国急需大量科技人才。21 世纪，世界将进入知识经济时代，我国虽然是世界人口最多的国家，可科技力量不是太强。但在今后 10 年到 20 年内，我国国民经济不仅在总量上有大幅度增长，而且经济结构质量和科技水平也将迈上新的台阶。那时所提供的就业岗位将对劳动者的文化素质、专业技能素质提出更高的要求。英国《焦点》月刊提出的观点有一定代表性："在今后的 15 ~ 20 年中，将出现一股巨大的科技浪潮，它将像农业工人在工业革命时期曾经逐渐改行从事制造业一样，那些先前曾经在制造业工作的人员现在正投身到新的服务经济和科技信息世界中"。"未来经济将由理念、信息和技术组成，到 2015 年，据估计大约有 95% 的工作将要求就业者掌握信息技术。"可见如果劳动者整体素质和结构不具备相适应的水平和能力，也会难于胜任而成为新型失业者。也就是说只有提高劳动者整体素质，才可以促进劳动力合理配置，使失业者再就业，才可防止在新时期出现新的"下岗"浪潮，才可适应未来就业的形势。这就要求劳动者不但具有更高的文化水平,而且还要有熟练的职业技能。概括起来说,劳动者的知识面要宽,对计算机、外语、社会科学、现代管理等方面的知识都应了解和掌握;其次是知识的融合度要高,不仅要掌握多种学科的知识,而且要能够把各种知识融会贯通,运用自如;再次是创新能力更强,可以说创新能力是现代青年人才的核心素质;最后是具有良好的心理素质。只有这样,才能应付日益激烈的各种竞争。正如邓小平同志提出的:“我们国家、国力的强弱,经济发展后劲的大小,越来越取决于劳动力素质,取决于知识分子的数量和质量,教育搞上去了,人力资源的优势是任何国家比不了的”。

二、“十五”期间进行的经济结构调整,势必对我国就业结构产生影响

“十五”期间,国家经济发展计划明确提出“要把发展作为主题,把经济结构调整作为主线”。并要求“推动经济发展和结构调整必须依靠体制创新和科技创新”。本部分主要从产业结构这个方面来考察对未来就业形势的影响,产业结构的调整直接影响对劳动力的需求。目前我国产业结构中存在的问题是第一产业现代化水平低,不适应大市场的需要;第二产业比重过高,但内在素质不高;第三产业发展滞后,且结构水平低。据有关资料显示,我国第一、第二、第三产业到1999年的比例仅为18∶49∶33,针对这种情况,“十五”期间首先要调整农业和农村经济结构,主要是提高农业综合生产能力,实现主要农产品供求基本平衡,积极发展畜牧业,提高养殖业比重,要大胆推进组织创新,鼓励民间各类协会、合作社会等农业胆务体系建设,这直接影响农业部门的就业结构。由于我国小麦、大米、棉花等属土地密集型的大宗农产品,其生产成本高、质量低、缺乏国际竞争力。从外国进口的粮食虽然仅占我国粮食需求量的4%～5%,可这些优质低价的农产品,一方面有利于改善我国农业生产结构,提高农产品质量;另一方面也会使我国主要粮食和棉花价格在国际市场的压力作用下走低,减少农民的收入,从而影响农村就业。据美国经济学家教授盖尔·约翰逊研究,今后30年我国农业劳动力将以年均3%的速度减少。按这一项预测计算,2001～2002年期间,我国现有农业劳动力平均每年要850万人脱离农业领域进入非农产业就业。势必加重城镇就业的压力。首先是第二产业,尽管第二产业在我国国民经济中占有极重要的份额,但其发展主要是以数量扩张来实现的,是一种低水平、低素质的发展模式。这种粗放、低度化发展趋势使我国第二产业明显地向高消耗低加工度的基础工业、基础设施、一般加工业等倾斜。而高加工度、高附加值、低消耗的机电工业部门等则发展滞后,严重缺乏市场开拓和竞争能力,尤其入世后,第二产业内行业受到国际市场的影响,结构调整会加快。根据现有的资料分析,在今后十年内,通过调整能够增加机会的,主要集中在纺织、服装、食品、以及建筑、建材、化工等劳动密集型行业。据有关材料显示,以纺织和服装为例,我国产品在设限国的配额,能够在现有基础上每年提高25%～27%。将能使出口大幅度地增加,预计每年能够增加50亿美元以上。按照1亿美元能够增加1万个就业机会计算,每年能够增加几十万个就业机会。而冶金、机械、粮油加工、电子通讯设备等行业,预计将减少几百万个就业机会。其中的冶金部门已经制定了整个行业减产30%,用以稳定市场及增加钢厂盈利的目标,冶金钢铁企业现有300万职工,按同比即30%减幅计算,今后几年会影响近百万从业人员的就业,再如机械制造加工业,本属于资本密集型部门,只有进行生产技术及相关的生产设备和工艺更新,才能生存于市场。再加上进口增加,出口减少,导致其就业人数有

较大幅度的减少。特别是汽车行业,几百家汽车生产企业,由于技术水平低、成本高,不可避免会导致部分破产关闭,进而影响到数十万人的就业。由此可以看出,第二产业的就业结构受到的冲击最大,其次是第三产业。

"十五"规划要求加快第三产业发展是调整我国产业结构的重要方面。一方面要继续支持、鼓励餐饮业、旅游业、批发零售业的发展;另一方面要拓展第三产业中的新领域,这些主要包括咨询业、信息服务业、文化服务业等。到目前为止,我国的第三产业在国内生产总值中所占的比重仅为30%,吸纳的就业人数占全部就业人数的比重也仅为30%。据测算,第三产业就业人员所占比重提高一个百分点,可以增加700万个就业岗位,假如能使第三产业在国内生产总值中所占比重达到约50%,就可以创造一亿个就业岗位。当前,在世界服务贸易中,国际商业服务贸易占约70%。在今后十年中,引入国外商业服务,发展包括外商、外资的商业服务企业,将会大量增加就业。第三产业中的传统商业服务业将增加几百万个就业机会,成为吸纳就业的一个重途径。同时,第三产业中新兴的金融保险业及其他服务贸易产业也会对就业机会的增加做出贡献(图1-8,表1-9)。

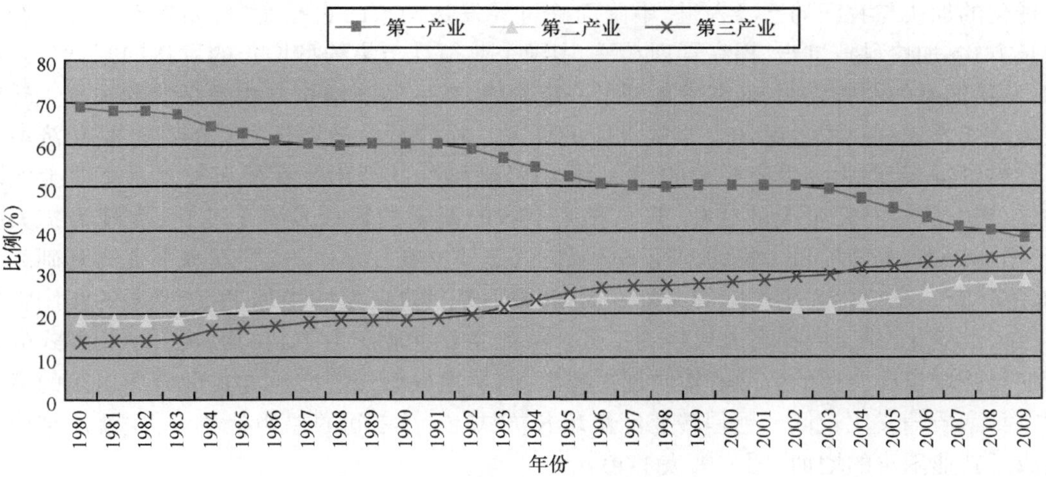

图1-8 就业结构变动趋势图

表1-9 就业结构的所有制特征对比表

按城乡分就业人员(万人)	1990年	2009年
城镇就业人员	17041	31120
国有单位	10346	6420
城镇集体单位	3549	618
股份合作单位		160
联营单位	96	37
有限责任公司		2433
股份有限公司		956
私营企业	57	5544
港澳台商投资单位	4	721
外商投资单位	62	978
个体	614	4245

三、经济增长方式的转变对就业形势的影响

自1996年以来，我国宏观经济运行发生了很大变化，经济增长速度持续回落。1998年和1999年的增长率竟降到了8%以下，2006～2010年经济增长速度为6% ，2010～2015年经济增长速度为6% 。但就中国自身经济而言，经济增长方式落后也是不容忽视的重要原因。经济增长方式的落后，才使得地区经济结构趋同和经济结构不合理成为可能。要保持较高的经济增长速度，就必须进行经济结构和产业结构的调整，而结构调整的背后又牵涉到经济增长方式的转变。事实上，转变经济增长方式不仅是改变地区经济结构趋同化和调整产业结构的要求，也是我国当前客观环境的要求。第一，中国虽然长期被称为地大物博、物产丰富的国家，但由于人口众多，人均资源非常少，大多数资源的人均拥有量远远低于世界平均水平，资源对经济发展的制约作用比较大。第二，我国资源利用水平极低，浪费比较严重。一方面是资源紧张，另一方面是浪费惊人，必须转变经济增长方式。第三，随着经济全球化的加快与我国的已经入世，中国面临世界发达国家的直接竞争，如果不能转变经济增长方式，加快科技进步，提高管理水平，中国企业很难与集约型增长的发达国家竞争。第四，发达国家的经验表明，经济发展到了一定阶段，转变经济增长方式是必然的选择。转变经济增长方式对我国来说是个非常艰巨的任务。粗放型经济增长方式的特征是经济增长主要靠资本、劳动力等生产要素的投入，也就是新增长的产出是在原有技术水平之上实现的，生产方式没有发生大的变化，只是投入生产的要素的数量发生了变化，表现为扩大投资、增加工人、上新项目。集约型经济增长方式是建立在技术水平、管理水平提高基础之上的经济增长，是全要素生产率的大幅度提高，而不是投入要素的增加，生产要素的作用将发生极大的变化，是质的提高取代量的扩张。由此会对就业产生不利的影响。增长方式的转变使经济增长所要求的劳动者素质越来越高，而从粗放型经济增长方式中分离出来的劳动者本身素质却又比较低。越是转变经济增长方式，二者之间的差距就越大，这就从结构上造成了就业困难的增加（图1-9，表1-10）。

图1-9　GDP增长率与就业增长率对比图

表 1-10　GDP 增长率与就业弹性对比图

年份	GDP 增长率/%	就业增长率/%	就业弹性	年份	GDP 增长率/%	就业增长率/%	就业弹性
1990	3.8	2.6	0.684	2000	8	0.8	0.121
1991	9.2	2	0.125	2001	7.5	1.3	0.174
1992	14.2	1.8	0.071	2002	8.3	1	0.122
1993	13.5	1.6	0.074	2003	9.3	0.9	0.103
1994	12.6	1.3	0.077	2004	10.1	0.9	0.089
1995	10.5	1.1	0.086	2005	11.3	0.7	0.062
1996	9.6	1.3	0.135	2006	12.7	0.8	0.063
1997	8.8	1.1	0.143	2007	14.2	0.8	0.056
1998	7.8	0.5	0.15	2008	9.6	2.9	0.302
1999	7.1	0.9	0.151	2009	9.1	0.7	0.077

四、西部大开发对未来就业形势的影响

1999 年 9 月，党中央、国务院正式部署“实施西部大开发战略，加快中西部地区的发展”。这是我国政府面向新世纪作出的重大决策。西部地区占我国 86.4% 的国土和 58.8% 的人口，具有丰富的资源，是我国主要的农业生产基地、能源基地、原材料工业基地和重工业基地，有巨大的市场。为了实施西部大开发战略，我国于 2000 年投巨资在西部地区新开工包括交通、天然气输气管道、水利枢纽、生态建设等在内的“十大工程”，而且相应提出了不少优惠政策。如税收优惠政策，凡属国家鼓励类产业的内外资企业所得税统一 15% 的税率；在建设投资和绿化工作到位的条件下，所取得的国有土地使用权 50 年不变；改革户籍制度，到西部投资经营及参加开发的其他地区居民保留原籍户口，打消西进人员的后顾之忧等，为西部发展提供有利条件。虽然国家对人才西进采取了一些积极政策，但是由于地理环境、经济状况等条件的限制，西部人才急缺，主要表现为：第一，人才储备不足，高素质人才匾乏。在 2000 年，全国普通高校招生录取率平均接近 56%，东部有些省高达 70%，而西部地区的一些省份则低于全国的平均线，个别省则只有 40%，在研究生方面，全国 2000 年在校研究生近 30 万人，西部地区则只有 3.9 万人。第二，年龄结构断档，使西部人才出现断层，在近一段时间内必会出现人才青黄不接的现象。实施西部大开发非一朝一夕之功，需几十年甚至几代人的不懈努力，因此急需大量人才。第三，西部本地人才流失严重。从“八五”末到“九五”，新疆流失人才近 20 万，新疆大学平均每年就要走 20 名硕士或副教授以上的人才。第四，西部支柱产业的发展所需人才缺乏，不可避免地对支柱产业形成冲击。据四川省在 2001 年初对省内人才需求情况的调查显示，18 个市地州、31 所高校和 7 个省级部委提出了 26604 名高层次人才的需求，所需人才主要集中于电子信息、生物制药、食品加工、旅游、环境保护、经济管理、机械等专业，需求最强烈的正是该省的支柱产业，当然西部地区对于人才的培养、使用也作了大量的工作，并取得了成效，但是远远不能满足西部发展的需要，能不能留住和吸引人才就成为西部发展的必要条件。对于西部所需人才普遍来说有以下三类人才：一是观念新、经营办法多的工商管理人才；二是生物资源开发技术人员；三是农村专业技术人员、农业机械、医疗保健专业人才。就西部各省、各地而言，对人才需

求是多方面的,层次是多种多样的。但是从现实的需求来分析,人们更青睐复合型人才,其基本要求是在专业知识技能具备的情况下,外语、计算机能力是人才应具备的基本能力。总的来说,西部大开发给人们提供更多的创业机会,直接影响到今后几十年内的就业形势。

五、劳动力供给情况对未来就业形势的影响

人口总量过大、素质偏低是我国社会发展所面临的重大难题之一。2012 年我国人口达到 14 亿左右。在人口总量既定的条件下,影响我国劳动力供给的因素有两个:第一,新增劳动年龄人口数量及其劳动参与率。可见新增劳动力就业的压力仍比较大。可是从总体水平上来看,我国劳动参与率较其他国家偏高。特别是青年(16~25 岁)的劳动参与率较高。从数量上而言说明我国劳动力资源利用率较高,而从结构上看却有不尽合理的因素。首先,较高的劳动参与率意味着较高的劳动力供给量,从而增加了劳动力市场的就业压力;其次,年轻劳动力的就业和教育存在一定的时代性,过早就业必然失去接受进一步受教育的机会,从而导致劳动者整体素质偏低。以高等教育为例。经国务院批转的教育部《面向 21 世纪教育振兴行动计划》与《中国教育绿皮书·2000》都明确指出,要大力发展高等教育,扩大高校招生规模。到 2010 年高校入学率要达到适龄青年的 15%。这一目标的确定,按公认的美国权威高等教育专家马丁·特曼的高教发展理论,标志着中国到 2010 年将由现在的"精英型"教育转向"大众化"教育。这意味着我国在今后 10 年间高校招生规模平均按 6% 左右的幅度增长,从绝对数看每年将以 100 万人左右数量增加。然而,容纳高校毕业生的主要部门——第三产业发展不够充分,再加上近年来社会对高校毕业生的整体需求呈现减弱的征兆,加剧供需矛盾。高校扩招是在高校毕业生就业日趋困难的形势下进行的,但是从绝对量上看大学生并没有过剩。据全国第四次人口普查的数据,25 岁以上人口中受大学教育的比重为 2%,远低于中低等收入国家 8.8% 的水平,甚至也低于低等收入国家 2.7% 的水平。从本质上看,高校扩招是扩大社会就业的一个巨大推动力。如果我国大学生占同龄青年的比重提高到 30%,那么,我国总的劳动力资源的劳动参与率就能下降近三个百分点,就可减缓劳动力就业近 3000 万人。第二,工业化进程的推进而出现的农业劳动力大规模转移同城镇富余人口的释放。未来十年,我国工业化进程进入中期阶段。工业化的基本特点之一就是改变"二元经济结构"。随着农业生产水平的不断提高,工业化的推进,必然伴随着农业劳动力向非农业产业的转移。我国在农业富余劳动力的转移问题上采取了不少政策和措施,但是由于农村劳动力数量的增长仍然十分巨大,使农村劳动力供给大于需求的矛盾依然十分突出。而且随着进步速度的加快,企业资本的有机构成还会不断提高,由此可能产生新的富余人员。他们会进入社会劳动力市场,形成新的劳动力供给。

综上所述,可以看出影响我国就业形势的因素是复杂多样的,这也相应对大学毕业生的就业带来一定的冲击,即带来一定的机遇,又使他们面对一定的挑战。一方面就机遇而言,今后十年内经济持续增长,带动就业岗位的增加,社会上每年可为大学毕业生提供更多的就业机会;信息化的迅速发展带动工业化,信息产业人才的需求大大增加;西部大开发战略的进一步实施,大批工程项目的开工,也需大批技术人才;中国的入世,经济结构的战略性调整、科教兴国战略的进一步实施等都急需大批专门的技术人才。由此可以看出,作为我国知识集群的大学生代表着就业大军中的高素质人才,知识经济时代正需要他们发挥自

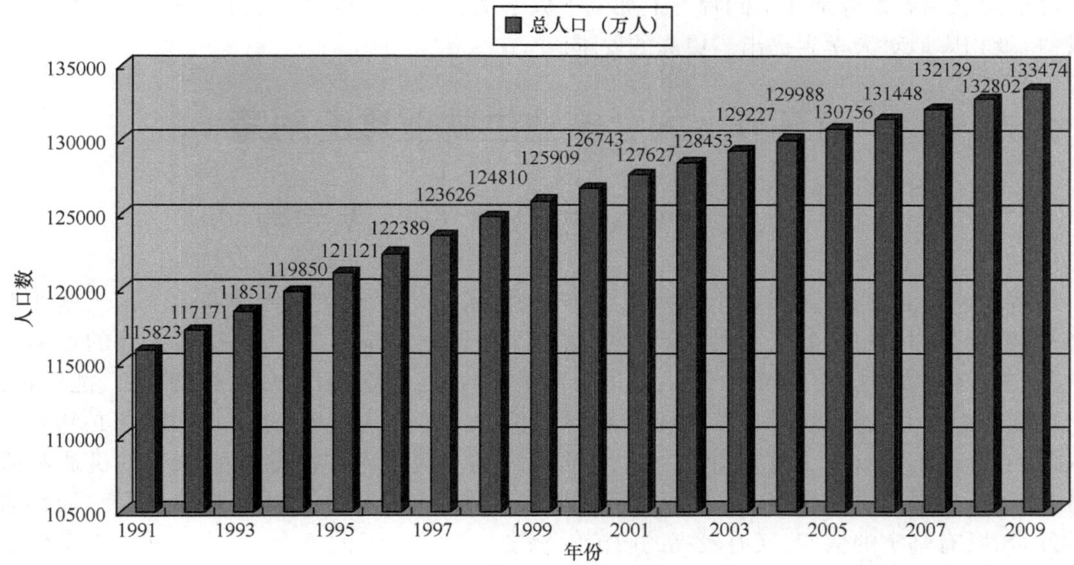

图 1-10　中国人口规模变化趋势

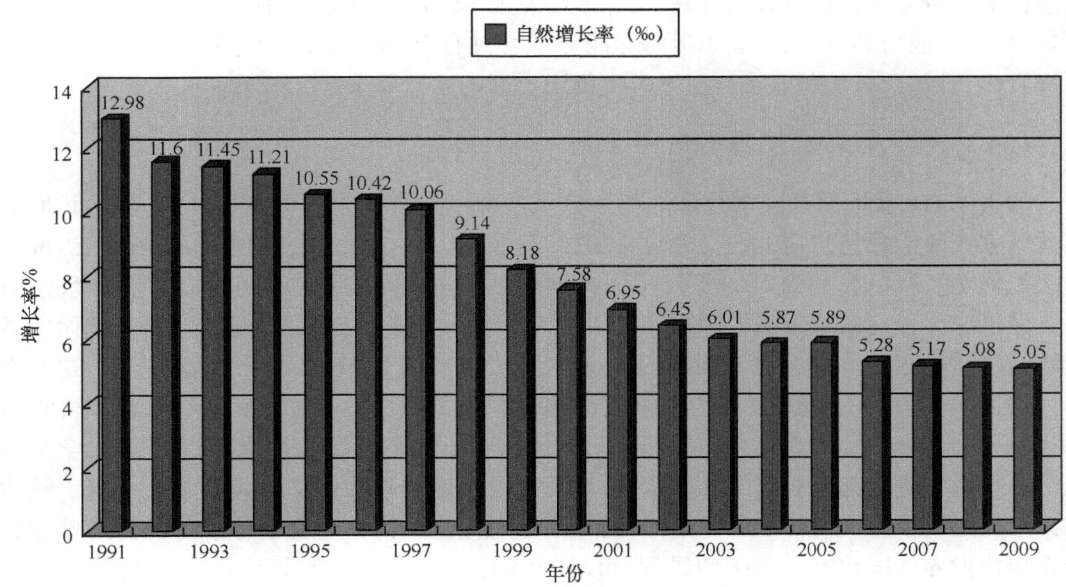

图 1-11　中国人口自然增长率变化趋势

己的才智。教育部《关于做好 2001 年全国普通高等学校毕业生就业工作的通知》中第一条就明确指出：高等学校毕业生是国家宝贵的人才资源，是我国在新的世纪实现跨越式发展的重要力量。另一方面就挑战而言，主要是就业需求远小于供给及对大学生的要求越来越高。国有企业处在转轨改制、减员增效的改革过程中，使传统的毕业生就业主渠道的吸纳能力下降；加上每年新增农业劳动力向非农产业转移、城镇失业下岗的工人的增多；大学生招生规模的扩大，以两年几乎翻一番的速度增长。另外，人才供需的结构性矛盾如学历层次偏低、专业结构不合理，市场服务功能、就业机制不够完善，用人单位选人上的误区，毕业生择业观念的偏差等都在不同程度上加剧了大学生就业的难度,使他们的就业形势更加严峻,也就相应地对大学生提出了更高的要求。

第三节　大学毕业生就业难的对策

一、大学毕业生个体的自我完善

既然是双向选择,在毕业生选择用人单位时,用人单位也在选择毕业生。由于就业形势严峻,使得用人单位处于一种有利的地位。据一份资料显示,用人单位对人才的普遍要求是:有一定的学历;有一两种专长;外语听说读写流利;电脑操作熟练;有责任心、能吃苦;有创新能力。尤其是我国加入 WTO,使我国经济进一步融入世界,经济的国际化必然要求人才的国际化,也就是人才就业与人才素质国际化。我国人才面临前所未有的机遇和挑战,这对人才提出更高的要求,需要他们是多种素质的复合型人才。一是要具有政治素质的复合,既有坚定的信仰,又有较高的政治敏感度。二是知识的复合,人才的知识面不仅要宽,而且知识的融合度一定要高。三是能力复合,一专多能,身兼数职。四是非智力因素的复合,重要的是有较好的心理素质。在对大学生毕业质量的一项调查中,用人市场对大学生总体上评价不高。以百分制计算,工作能力只有 68.4 分,外语水平、计算机使用能力、科研能力、写作能力、语言表达能力等特殊能力平均只有 59.4 分,还不到传统的 60 分。由此可以看出,日益严峻的就业形势对大学生提出更高的素质要求。

(一)大学生应有较高的政治素质

加入 WTO,我国对外经济合作的竞争领域在深度与广度上空前拓展。相应地,我们与其他国家在政治思想感情上的交融也会加深。在中国入世问题上,美国一直都把它当成一个政治问题。所以我们面对的不仅是强大的经济竞争对手,同时也是野心勃勃的政治对手。经济全球化对政治带来的影响一方面使各国政治交往日益扩大与频繁,另一方面使各国政治生活的相关性空前加强,以至于开始显露某种被称为“全球政治”的新现象。这对我国当代大学生的政治思想必将产生很大影响,邓小平早就指出:“改革离不开现代科学技术,加上我们讲政治,威力就大多了,到什么时候都讲政治。”目前国际国内形势对大学生的政治思想影响概括起来有以下几种情况。其一,大学生的政治民主意识会大大增强。政治的民主化是政治发展的一个必然趋势,同时也是现代文明社会的重要标志。经济全球化无疑将加快世界各国政治民主化的进程,市场经济为政治民主化奠定了坚实的经济基础,所以全球化会极大地增强大学生的政治民主意识。从整体上来说,生产力发展水平随市场经济的完善而提高,经济地位和文化程度的差别也会减少,有利于我国民主政治的建设。其二,政治倾向淡化,可能导致政治信仰危机。市场经济是以利益为核心的,受其影响,大学生不关心政治,只关心切身利益倾向日见明显。其三,大学生的国家主权观念受到削弱。全球化趋势对一个国家的主权提出了挑战,无论是经济、政治还是文化主权将被不同程度地削弱。尤其是发展中国家。以经济主权为例,首先表现为我国民族经济的发展受到全球市场、全球金融和全球问题制约;其次,跨国公司凭借其经济实力与跨国经营优势,不断扩大自己的权力与影响,对我国民族经济主权构成威胁。政治主权的削弱集中体现为国际干涉力度加强,国际组织等超国家机构运用各种国际机制介入各国政治,协调国际关系,从而形成一种人们不得不承认有其合理性的新的权力体系与机制,从而冲击了国家主权的绝对性。所以大学生的国家主权观念将受到不同程度的削弱。针对上述现象,要以邓小平理论为指导,帮助大学生确立正确的价值取向。首先是确立"爱国主义"的价值取向,爱国主义是中华民族的传统美德,是跨世纪大学生建立社会主义的强大动力。邓小平曾指出:"中国人民有自己的民族自尊心和自豪感,以热爱祖国、贡献全部力量建设社会主义祖国为最大光荣。以此来增强大学生的民族自尊心与自信心"。他还指出:"发扬爱国主义精神,坚持独立自主、自力更生的方针,是中国革命也是中国社会主义建设取得胜利的一条根本经验。"这就指导大学生坚定不移地确立祖国利益高于一切的观念,培养艰苦奋斗、艰苦创业的思想品德。然后是建设祖国的价值取向。社会主义是共产主义的初级阶段,这就要求中国大学生认识到中国处于社会主义初级阶段,生产力发展水平远远落后于发达国家,在思考问题、确定价值目标、作出求知选择、寻找择业定位时,都必须从此出发。邓小平科教兴国理论与科学技术是第一生产力的论断使大学生认识到教育在社会发展中的战略地位及科学技术进步是实现社会主义现代化、强国富民的关键,促使大学生将高昂的热情、严格的科学态度和务实的行动结合起来,全身心地投入到社会主义建设中去。

(二)大学生知识面需不断拓宽

由于人类学习与社会需要之间关系的复杂性和人们价值观和认识上的不同,知识的广度是一个无法准确测度的量。但是知识具有容易充实和更新的特点,可以通过读书及向别人学习和实践中获得,大学生应利用在校学习和参加社会实践的机会多学些有用的知识,对自己感兴趣及以后就业普遍所需的知识可利用课余时间,超出课本之外作深入探讨。可是当今大学生在学习意识与学习心理方面所反映出来的问题十分严重,不少企业家认为,企业用人标准越来越严格,尤其是计算机与英语。英语是国际贸易的通用语言,计算机则是电子商务的基本手段,二者是求职者成功就业的门槛。如英语,不少单位在招聘现场要求应聘者用英文填写简历,并进行英语对话,有68.9%的用人单位希望毕业生有六级水平,但实际上通过六级的毕业生仅有约26%;除主修专业外,有40%的用人单位希望毕业生能辅修第二专业,而实际上毕业生拥有此证书的比例只有22%左右。以上对比数据说明,毕业生的用人表现与用人单位的期望值存在一定的差距。所以,大学生必须在日常的学习中加强自己的知识获取。

(三)大学生的能力结构也需不断加强

能力是人才质量的内在层次,不仅要以知识为基础,而且只能通过训练和实践锻炼,知识才能转化为能力。知识越丰富,越有利于能力的提高;能力越强,越容易获得知识。就大学生就业来说,应着重加强以下几个方面的能力。

1. 自我认识的能力　大学生在求职前要正确面对就业形势和社会环境,给自己一个恰当的评价,看自己适合干什么工作。在客观公正地评价自己的基础上,全面、正确的把握自己,正确处理好个人志愿与社会需求之间的关系,树立市场经济条件下符合社会需求和自身实际的就业观。一方面要对自己的兴趣、爱好等诸方面有一个全面客观的分析。这些是求职择业时必须考虑的因素,它们直接影响择业的成功与失败。爱因斯坦说过"热爱是最好的老师。"可以说,谁找到了自己最有兴趣的职业,从某种程度上说他就踏上了通向成功之路。另一方面还必须充分分析自己的性格特征。社会上各行各业的工作有不同的特点,对从业人员的性格特征也会提出不同的要求，只有正确认识自己，使自己的主观评价与社会对自己的客观评价趋于一致，才能在社会上找到适合自己的位置。

2. 竞争的能力 当前就业分配制度的实施，迫使大学生们走向社会、适应形势、勇敢面对竞争。市场经济是竞争的经济，市场就是战场，没有风险意识和主动竞争的精神，是不能在人才竞争中获胜的，大学生要强化积极参与竞争的意识，提高自己的竞争能力。一些大学生在求职过程中怯于出头，羞于表现自己，从而失去难得的求职机会。所以说面对激烈的人才市场的竞争，大学生要勇于表现自己，敢于推销自己，要知难而进。另外，还要对不公平竞争有一个清醒的认识，任何事情都是相对的，竞争者永远不会处于绝对公平的同一起跑线上，解决问题的根本办法还是竞争，条件差的要多付出努力，大学生在就业时要有勇气和胆略进入人才市场。

3. 运用知识的能力 现在的大学生往往只注重书本知识的学习。不少学生认为学习就是学习书本知识。完成这一点就算完成了学习任务。因此，他们的大学生涯大多是在书本中渡过的，许多大学生踏入社会后，给人的印象是书生气十足，一味套用理论，解决不了实际问题。这正是由于他们平时缺少参加实践的能力，容易在现实工作中面对新知识、新问题而陷于束手无策的困境。据一些用人单位反应，他们对当今大学生反映最强烈的弊病就是这个问题。据一项调查数据显示，用人单位对就业大学生的工作能力评价为68.4分，语言表达能力为62.4分，写作和科研能力均为55.4分。可见大学生就业后对知识的运用能力较差。大学生应该在大学学习期间，利用一部分时间和精力到社会实践中去，去发现新的问题，把它们与以往学到的知识融合贯通起来，产生一些具有实际意义的新知识，用所学的知识去解决实际问题。所以大学生应主动、积极地投入到社会实践中去，在实践中运用知识，解决问题，积累经验，增强自己的动手能力，为以后参加工作做好充分准备。

4. 职业转换的能力 高等教育的任务主要是为社会培养高素质人才，但部分高校却不自觉地变成了为适应人才就业的需要而培养出专业性很强的毕业生，加上科技的发展而导致分科越来越细，课程专业化的加强，学科外延变窄，在客观上造成专业过窄的现象。这种专业性强的毕业生虽在企业实践工作中上手快，但无太多的发展潜力，特别是缺乏创造性和灵活性，不利于企业的长期发展。又加上当前社会就业压力加剧，我国又在进行政治、经济体制改革，工作变动的原因多而且复杂，这就需要大学生必须具有职业转换的能力，只有这样，才能适应未来的就业形势。正如美国州立大学学院协会会长詹姆士·阿普伯里所言："我们认识到教育的一个重要性是培养学生具有分析形势变化的能力和适应这种变化的技能……我们也尽一切努力和可能确保使他们具有适应工作岗位与社会发展而改变职业的技能。"

5. 创新能力 由于我国加入世贸组织，国内市场与国际市场将紧密地联系在一起，国内的企业将与资金雄厚、技术先进的世界知名企业争夺生存、发展空间。对于暂时处于劣势的中国企业来说，要生存发展，就要寄望于青年科技人员的科技创新和青年管理人员的管理创新和制度创新。创新就成了知识经济的灵魂，相应地就要求大学生具有一定的创新能力。因此，大学生必须提高自己的创新能力。

（四）大学生要不断提高自己的心理素质

在大学生自主择业分配制度的改革过程中，由于学校教育没有采取相应的对策和措施，加上大学生涉世不深，缺乏社会经验，自我调节能力差，心理容量小且脆弱。面对分配制度的改革,人才竞争的激烈,不少大学生缺乏心理准备,不可避免地产生较大的心理压力,再加上社会上各种因素的干扰,引发了许多与大学生择业有关的心理问题,不仅严重影响大学生身心健康与未来的自我发展,而且干扰了高校正确的教学秩序。就大学生就业产生的心理问题,概括起来具体有以下几种现象。

1. 自卑心理　在校大学生社会经验不丰富,学习期间很少经历各种社会工作、社会活动的锻炼,对用人单位的情况特别是用人要求知之甚少,对自己在求职市场的真实位置搞不清楚,在求职过程中,他们怯于出头,羞于表现自己。在当今激烈的人才竞争情况下,认为自己所就读学校名气不是很高,所学专业不是热门专业。在求职过程中面对共同竞争的求职者时,总感到自己不如别人,丧失自信心;在面对应聘单位人员的提问时过分小心,怕自己的言行举止出错引起招聘者对自己不满,时时处于紧张状态,使心理不能放松,从而不能充分展现自我。

2. 自负心理　有些大学生自身条件比较优越,学业好和工作能力强,对就业过于理想化,过高估计自己,只看自己的优点,看不到缺点,对就业困难没有做好思想准备;有的怀着一路顺利升入大学的良好感觉,自命不凡,相信自己定能找到工作,在择业时表现出很强的优越感,以自己的学历、知识、文凭为资本,非高工资、好名利的单位不去,常常挑剔攀比,提出过分的要求。这些人由于社会经历不丰富,对社会的认识不足,对社会的人才需求形势没有清醒的认识,对自己将来在社会中的定位缺少正确的分析,面对不同要求的不同工作,很难作出正确合理的选择,表现出与招聘单位随便签约、随便毁约的行为。在众多机会中无法把握自己,使自己往往陷入一种自设的困境中。

3. 焦虑心理　毕业分配制度的改革,拓宽了大学生职业选择面,同时也加重了他们的行为责任和心理压力。过去那种"进了大学门,就是国家人"的传统观念被打破,使他们直接面对风云变幻的市场经济、竞争的风险及各种信息的刺激,反而感到无所适从,不知所措。产生了危机感、迷茫感,甚至是恐惧感。自主择业以来,总有一部分人一时没找到工作,这本是正常现象,不少同学怕自己走入此行列而忧心忡忡。有的同学对用人单位严格的录用程序:笔试、口试、面试、心理测试等感到胆战心惊,对自己向往的高职单位,参加竞争的人越多、要求条件越严,自己就越失去被录用的信心,以至心情苦闷、脾气暴躁,从而产生焦虑心理。如果心理上过度焦躁不安,就会成为心理障碍或心理疾病,影响学生本人主观能动性的发挥,给就业带来不必要的困难。

4. 逆竞争心理　高校毕业生分配制度中竞争机制的引入,使得毕业生能够自主择业。他们都希望在人才市场上通过平等的竞争找到自己理想的职业,寻找有利于发展自我的道路。但是由于我国经济发展的不平衡性与阶段性引起社会上不同用人单位对人才需求的多样性和多变性,以及专业差别、地域差别、城乡差别等多种因素的影响,使得毕业生对"双向选择"产生疑虑。另外,有部分用人单位在招聘人才时不是根据毕业生的学业和实际工作能力,而是靠"关系"录用人选,这就造成部分无关系的学生对择业缺乏信心、主动性和积极性,产生对就业竞争的逆反心理。

5. 依赖心理　高中毕业生在心理与生理上还没有完全成熟,在选择高校和专业时大都由家长和老师帮助选择,对已选的专业是否与本人的爱好、兴趣、才能相吻合,以及将来毕业时社会需求的情况如何了解不是十分清楚,具有一定的盲目性。再加上当今社会"关系网"负面因素的影响,这些一直处在父母保护下的大学生在择业时就不愿放弃传统的就业道路,通过拉关系依靠老师家长为自己找工作,表现出强烈的依赖心理。

6. 盲从心理　目前毕业生对招聘单位的了解主要是通过信息。各用人单位为了种种目的,在人才市场上提供的信息总避免不了一些假信息,而毕业生对就业信息不认真分辨,只是依赖自己的思维方式作推断,结果是免不了上当受骗,钱财受损失不说,重要的是丧失择业的良机,还有的道听途说,只要一听说有单位要人,就一哄而上。

针对大学生以上心理现象,除了设立心理诊室,开展心理咨询,完善学校心理服务机构外,应注重从以下几个方面着手:①大学生要内化现代理性观念。知识经济时代要求实现人的全面素质的现代化。智利知识界领袖萨拉扎班迪博士说:"落后和不发达不仅仅是一堆能勾勒出社会经济图画的统计指数,也是一种心理状态。"这提醒我们重要的是造就具有现代意识与观念、人文精神的人。当代大学生的一些心理问题,就是固有传统的思想方式、怀旧心态,固守传统观念与意识而缺乏现代理性观念所致。所以高校工作者必须指导大学生认识自身的价值观念、理想信仰、思想意识中可能存在的误区,内化现代理性观念,提高他们的心理素质。大学生要确立科学、终身、创造学习观;确立综合、和谐素质观;确立科学的健康观,重视人格健全与心理健康,才能面对知识经济时代带来的挑战。②要加强学生的挫折教育。当代大学生是应试教育体制下培养出来的,升学的竞争迫使他们放弃了应有的天真与快乐,这种以成绩高低论英雄的评价方式,使不少学生心理成长处于缓慢的状态,这些学生考上大学后面对新环境无所适从,稍遇挫折即消极逃避,推卸责任。要对学生进行挫折认知教育,明白挫折在人生中是不可避免的;还要加强学生的耐性力训练,以磨炼意志,加强合作,发展他们个性;还有进行挫折后心理调整,教育学生在遭受挫折后如何通过合理的途径宣泄挫折感,调整自己的心理状态,化阻力为动力。③要加强校园文化建设,优化学生的心理环境。环境是一种无声胜有声的课堂,是一种影响、塑造人的综合教育力量。良好的校园环境可以对学生产生潜移默化的影响,使他们在不知不觉中受到教育。丰富多彩、情趣高雅的校园文化可以使学生抒发情感、施展个人才华、增加实践机会,为他们提供合理心理宣泄的良好场所,有助于学生深化自我认识,充分发展个性,完善个性。

(五) 大学生要做好就业思想观念上的准备

1. 要树立终身学习的观念 在当代和未来社会中,知识将发挥越来越大的作用。一方面,未来社会劳动力市场对人的知识和能力要求会逐渐提高;另一方面,技术革新与进步对劳动者总要提出更高的素质要求,传统社会中的一生一世在同一岗位任职的情况会极为少见。马克思早就预见的从一个职业转向另一职业的现象将非常普遍,每一次转岗都会伴随着新的学习,只有通过终身学习,人们才能在知识社会中找到自己的位置,才能实现自己的价值。可以说未来的社会是学习型社会,未来的企业是学习型企业,竞争的加剧,必然会导致企业技术与观念的更新,对企业中就职者来说,存在一个再学习的问题,如果不思进取,没有忧患意识,就意味着下岗。人才流动的速度加快,岗位互换难度也将增大,迫使人们不得不勤奋学习。故大学生必须调整自己的学习对策,塑造适应时代需要的学习理念。大学生要想获得最佳的学习与发展机会,成为终身学习者,就应该成为一个有信息素养的人,即能熟练运用计算机获取、传递和处理信息。此外,大学生应该不断提高自己的国际化水平。随着我国入世,人才交流日益国际化,国际标准、国际惯例成为我国经济运行、发展的总规则,中国的青年人才会同来自不同国家、不同文化背景的人相互沟通、交流与合作。大学生不只是简单运用英语和计算机,还应具备洞悉国际科技发展动态和经济运行走势的能力,掌握所在专业领域内国际的最新动态,了解国际交流的礼仪和常识,熟悉与专业相关的国际惯例和法律,使自己成为一个面向世界的成功者。

2. 树立正确的就业观念

（1）全方位就业的观念：随着经济结构的调整，尤其是第三产业的发展，需求大批相关人才。由于受生产力发展水平的制约，我国实行以公有制为主的多种经济形式并存、共同发展的体制。毕业生就业是由市场需求来决定的。因此，就业就要适应多种经济形式和社会发展的需要，不仅国有大企业单位是就业的去向，到中小企业、乡镇企业、民营企业、区街企业、三资企业等去工作，也是名正言顺的就业。

（2）先就业后发展的观念：人才流动是市场经济条件下产业结构调整和对人才需求变化的重要特征，应当把先就业作为在工作中提高专业能力和适应社会的开始，而不是就业的终止，要在实践中选择和调整自己的最佳工作岗位。由于我国加入 WTO，国内企业会受到国外企业的冲击，会造成大批职工失业。随着竞争的加剧，结构性失业会日渐加剧。再有就是我国与发达国家人才争夺会进一步加剧。这些因素都会加剧人才流动。因此，大学生在就业时要改变"一次定终身"的传统就业观念和思维方式，在工作中不断提高发展自己，以适应就业的流动。

（3）自主创业的观念：严峻的就业形势与政府对开办企业的条件降低，使这部分有能力与胆识的大学生走上自主创业的道路，而且这种趋势逐渐加强。这既可以让部分同学充分展现自我，又可以增加就业机会。所以大学生要有胆识，应该凭专业技能自主创业，不应该只是去占领现有的工作岗位，不能只靠国家、学校和父母，要自立、自强，主动去发现和寻找机遇，勇于挑战自我，自己创业，尝试新人生，通过自主创业的实践活动创造出更多的就业岗位，才能起到大学生应有的作用，为社会作出更大的贡献。

（4）面向基层和艰苦地区的意识：当前，大学生多数毕业后希望留在大城市、大机关、大企业及沿海等经济发达的地区，但理想与现实总是有差距的。在市场经济条件下，大学毕业生不可能都留在大城市、大企业，就业和体现自己的价值是统一的，应该自觉降低就业要求标准。另外，我国基层、落后地区、艰苦地区急需大量人才。尤其是西部大开发，国家在西部投资加大，工程增加，这就意味着西部的建设需要人才，由于西部经济与教育相对落后于中部与东部，本地培养的人才十分有限，此外，我国基层及其他落后地区、艰苦地区因发展经济需要，急需大量人才，那里才是就业的广阔天地，大学生也最能施展自己的才华。

二、高等教育的积极应对

（一）加快高校学科专业结构调整

21 世纪国际国内经济与社会发展的新形势，对高校学科专业结构调整提出许多新的更高的要求，尤其是我国经济结构战略性调整、科学技术的发展与市场经济体制不断完善，而且高校学科专业结构调整，既可以影响和重构劳动力与人才结构，又能促进和引导经济结构优化，还会促进教育资源的合理配置，提高高等教育的运行质量。

1. 积极发展新兴、高新技术学科专业　新兴、高新技术学科专业教育直接关系到我国 21 世纪科技发展的前途命运。因此，优先发展如信息、生命、材料学等领域的新学科专业是专业调整的重点，高校应集中教育资源，重点支持此类专业建设。另外，还要充分利用体制改革后综合性、多科性大学学科综合优势，尽快开发新的学科专业生长点。积极与发达国家合作来发展我国的高新技术学科专业，还要打破学科专业设置上的人为樊篱，为新学科专业的发展创造有利的学术生态环境。

2. 加强传统专业的改革与发展 高等学校学科专业结构调整既有发展高新技术学科专业，又有传统学科专业深化与改革。应着眼于科技、经济、社会的时代变化，对传统专业人才的培养目标、模式、规格、教学内容等全面深化改革，使之符合时代发展的要求。

3. 建立高校调整学科专业设置的运行机制 专业调整在于提高高等教育的适应性。故调整工作要确立高校依法办学的主体地位，打破专业管理制度、系科专业设置体制与毕业生就业制度等方面的体制性障碍，使高校与社会建立有效的反馈机制，形成高校根据社会需求自主设置和调整专业的能力，进而可根据社会需求和教育规律进行学科专业设置。此外，还要注意专业设置与市场紧密结合，高等学校培养的人才直接面向市场，人才市场的需求成为大学专业设置和调整的指南针，不考虑市场需要的学校与专业会被社会抛弃。

（二）建立专业化的高校毕业生就业指导和服务体系

要根据新形势下的毕业生就业工作特点和要求，不断加大投入，调整、充实机构，强化服务意识，健全服务体系，充分利用计算机和网络技术开拓毕业生就业市场，实现毕业生就业指导和就业水平的全面提高。具体可从以下几方面入手。

1. 对学生进行职业性咨询服务 就业指导工作人员运用心理学的知识，通过心理测试的办法对毕业生进行性格特征与气质、能力类型等测验，帮助学生认识自己的个性特点，介绍职业知识，加深学生对职业的理解，帮助学生进行就业定位分析，寻找适合自己个性特点的职业，使学生在学业、职业和自己三方面得以合理匹配，以获得最佳的人生定位。

2. 建立以学校为主体的毕业生就业市场 高校是国家、用人单位和毕业生三方面利益的平衡结合点，以高校为主体的毕业生就业市场是社会人才市场的一个重要组成部分，具有集中性、群体性和专业化、市场化的特点。学校可通过举办供需洽谈会、人才交流会等活动，以充分发挥学校在毕业生资源配置中的主体性作用、一级市场作用。此外，要经常组织高校的毕业生就业指导人员进行集中培训、学习，把必要的心理学知识、现代科学知识和就业形势、产业结构变化及宏观经济发展趋势等作为培训与学习内容，从而提高队伍的水平。

3. 提供就业信息，完善毕业生就业的网络化 建立高校毕业生就业网络，利用网络技术加强同社会以及兄弟院校的联系，同社会用人单位保持长期稳定的良好合作关系。建立完善的校（系）友组织。在收集毕业生供需信息时，重视在多种经济成分领域设置信息点，主动与各大中型企业、非公有制单位、各地市人事部门联系，争取用人单位的支持，及时提供毕业生需求信息，供毕业生参考和选择。

（三）开展创业教育，提高毕业生就业竞争力

随着高校持续扩招，大学毕业生总量不断增长，国家和社会将难以提供更多的就业岗位。这相应要求毕业生转变旧有的择业观念，变被动为主动创业。1998 年世界高等教育大会宣言《21 世纪的高等教育：展望与行动》第七条明确指出：“为方便毕业生就业，高等教育应主要关心培养创业技能与主动精神；毕业生不再是求职者，首先将成为职业岗位的创业者。”良好的创业教育既为强化毕业生素质，又为扩大高校毕业生就业提供条件。可以从以下几个方面开展创业教育。

1. 强化创业意识 学校应从新生入学起就注意加强对学生自主创业的引导与教育，让学生充分认识到创业的意义，帮助他们树立“自主创业、自主发展”的观念，使自主创业成为

大学生在校期间的一种理想和追求,以此强化他们的自主创业的意识。

2. 设置创业教育课程 通过创业课程的教育,加强大学生创业技能的训练与创业能力的培养,使大学生在观念意识、思想素质、知识结构、心理素质等诸方面作出必要的准备,具有良好的创业素质。

3. 形成一定的创业氛围 一方面,学校应把创业型人才的培养作为目标来抓,大力提倡创业教育。另一方面,学校要开展丰富多彩的活动,如创业竞赛、邀请创业家作报告等活动,形成尊敬创业者与动手创业的浓厚氛围,以此激发学生的创业热情。还应建立比较完善的创业服务体系。学校可以成立创业者协会、未来企业家协会等社团,还可以创设科技园、创业园,建立大学生创业基金,为大学生创业提供一定的服务保障和一个宽松的环境,给大学生更多自由发展的时间与空间。

(四) 大力发展研究生教育

学位与研究生教育具有知识传播、知识创新、人才培养和科技开发等多种功能,对推动科技进步和经济、社会发展具有不可替代的作用。随着近年来我国社会经济等方面的快速发展,高级人才的需求量也日益增大,同时对高级人才的层次要求也不断提高,研究生教育成为培养新时期高层次人才的重要途径。对研究生进行多学科综合培养,既是学科本身发展的需要,也是社会发展的需要。要允许研究生在必修专业学位课的基础上,在本校范围内选修课程,等条件成熟时,再允许到本城市其他学校选修课程,最后实现在全国范围内的高校中选修;允许研究生同时攻读第二硕士学位,在研究生报考时允许跨专业报考;可以打破一导一博的传统模式,允许几个不同专业导师联合指导一名博士生,也可以允许符合条件的导师指导不同专业的博士生。要加强研究生教育的国际交流与合作。经济全球化、信息化时代的来临,教育也将走向国际化,可以采取合作培养的方式,或创造机会提供学术交流。采用弹性学分制,使研究生在学期间有机会出国研习,获得国际教育交流与学习经历,这对及时掌握国际研究动态、优化研究方向、提高学科自身水平等具有重要作用。

三、政府部门采取的相应措施

(一) 逐步建立劳动力流动的市场调节机制和市场体系

建立市场对劳动力流动的调节机制是建立社会主义市场经济体制的重要方面之一,其关键环节是对国有企业进行改革。随着我国所有制结构的调整,非国有经济不断发展。现在个体企业、私营企业、外资企业都成为独立法人实体,企业主已经享有用工和工资自主决定权,可以说这部分劳动力的流动和就业已受市场调节。因此,各级政府部门应负责建设全国性劳动力市场体系,逐步建立地区性、全国性就业信息网络,发布劳动力供求动态信息,提供职业介绍、就业指导、职业培训等公众服务,规范劳动力市场秩序,保障劳动者公平竞争择业,对智能型人才要提供特别服务,为人尽其才创造条件,改变由劳动、人事、农业等部门分别管理的状态,形成由劳动部门统一管理劳动力市场的体制。

(二) 采取主要措施降低劳动力参与率

中国在建设社会主义市场经济体制的过程中,劳动力参与率呈逐渐上升趋势(表1-11、

图 1-12)。总人口劳动力参与率过高是我国劳动力过度供给的重要原因之一。产生这种现象主要是青少年平均受教育年限较短,使他们过早加入劳动大军。故要加大教育投入,提高青少年受教育程度、推迟其就业年龄。教育经费的不足既影响我国教育规模的扩大,又影响教育质量的提高。目前我国教育尤其是高等教育仍不能满足需求,在今后 10 年间高校招生规模平均按 6% 左右的幅度增长。因此必须着眼于教育市场的开发与经营,扩大教育规模,增加教育经费,发展教育事业,其作用不仅限于降低青少年劳动力参与率、减少我国的劳动力供给,而且是提高劳动力素质、提高我国经济活动效率、最终解决就业矛盾的关键性措施。另外就是实行劳动资格证制度,对不同行业的就业者规定最短培训期,取得就业资格证书后方具有就业资格。吸纳就业人员的单位,应将就业资格证作为招收员工的必备条件之一,吸收不具资格人员的单位应受到经济制裁。这样既可开发人力资源,提高劳动者素质,又可延续新增人口或重新择业者进入或重新进入就业队伍的时间。

表 1-11　劳动力参与率的国际比较(1997 年)

国家	劳动力参与率(%)	男性	女性
美国	77. 4	84. 2	70. 7
日本	72. 6	85. 4	59. 7
法国	67. 1	74. 3	60. 1
新加坡	69	82. 9	55. 8
俄罗斯	76. 3	81. 1	71. 8
韩国	65. 6	78. 4	53
巴西	69. 9	85. 6	55. 2
中国	83. 5	90. 1	80. 4
印度	66. 4	87. 6	43. 6

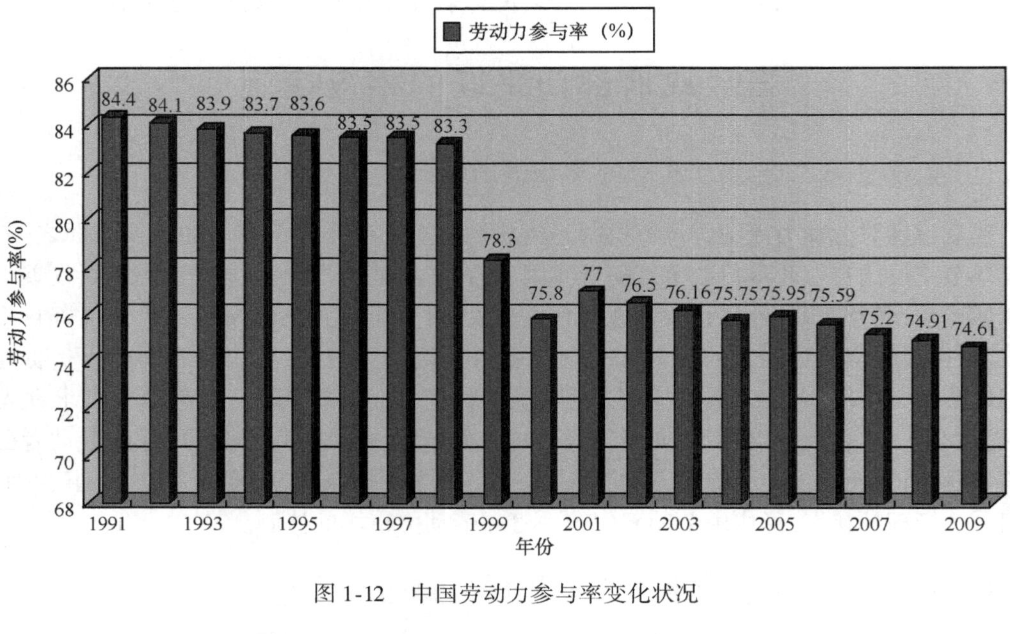

图 1-12　中国劳动力参与率变化状况

(三) 加速我国人事制度改革,实现人力资源合理配置

国外跨国企业吸引人才的不仅是优厚的薪酬,还有先进的人力资源管理技术和方法。现代人力资源管理技术和方法与传统的人事管理的一个重要区别在于人事管理的目标是提高企业组织的生产率和经营效益,而人力资源管理除了这两个目标外,还有员工的参与和工作生活质量。我国传统的人事管理制度存在许多人为主观因素,人才市场还没有完全实现市场化配置,人才流动障碍太多,最明显的是户籍障碍,使竞争机制的优势没能在人事管理中得到充分发挥,阻碍了人事管理的高效性、科学性、现代性的实现。尤其是人才跨单位、跨部门、跨地区的流动相对困难,形成了一次分配定终身的事实,造成了人才的单位或部门所有制,使人才无法合理流动,既造成人才择业的范围限制,又人为地造成人才择业的地域不平等。目前,我国正在进行户籍制度改革,逐步放开户籍管理,这将对人才流动起到积极作用,还能防止人才积压,改善人才布局,合理使用人才,最大限度地发挥人才效益。

(四) 建立适合国情的、具有激励就业和社会救济双重功能的失业保险制度

社会失业保险制度是建立劳动力市场的重要条件。由于我国还没有建立完善的失业保险制度,如按效率原则辞退几千万国有企业富余人员,不仅使他们失去生活来源,而且对社会稳定也构成极大威胁。建立何种模式失业保险制度应从我国国情出发。首先,保险金水平要适当,其标准以不高于在职职工最低工资水平为宜。这样既能基本保障失业工人的基本生活需要,又能激励他们重新就业。其次,我国非国有经济今后还将进一步发展。外资企业一般按国际惯例,为员工建立失业保险,而私营企业,特别是个体企业,雇主与员工都缺乏保险意识,而这部分职工失业风险较大。应切实在非公有制企业中实行强制性社会失业保险。再次,要建立社会失业保险基金,来源应是国家、企业和个人共同负担,多渠道筹集。还要保证失业保险基金的收缴筹集、支付领取的规范化、制度化,在国家法律允许范围内鼓励利用市场手段实现基金的保值增值,对基金加强监督,并形成必要的制度。

(五) 调整经济结构,改善就业结构,提高就业容量

大力发展第三产业,扩展新的就业领域,在抓好大型企业发展的同时,积极发展中小型企业,特别是高新技术产业的大企业。鉴于我国国情,在经济发展过程中,要努力发展劳动密集型产业与企业,不断扩大就业容量,还要兼顾劳动密集、资本密集、技术密集产业和企业的协调发展与合理布局,使国民经济发展在全局上既能保证有足够的科技进步和效率提高,又能兼顾大量劳动力就业。另外,要以西部大开发为中心,大力调整地区经济结构。西部有着丰富的国土资源、矿产资源和劳动力资源,在国家的重点扶持下,在东部积累的资金和技术的帮助下,一定会对今后整个国民经济的发展作出贡献。西部大开发的机遇,也是扩大就业、降低失业率、促进劳动力流动和提高劳动力素质的最好机遇。

第二章　毕业生就业工作程序与途径

通过本章学习，你将能够回答下列问题：

1. 毕业生自身的求职程序有哪些？
2. 用人单位的招聘活动要经历哪些程序？
3. 毕业生的就业途径及择业类型是什么？
4. 毕业去向选择的原则与方法是什么？

毕业生就业工作基本程序是指毕业生从毕业前的各项准备到毕业后派遣到协议单位（或生源地区）报到期间的一般过程。就业工作基本程序包括就业主管部门的工作程序、用人单位的招聘程序，同时也包括毕业生求职择业过程中应遵循的合理工作过程。了解毕业生就业基本程序，有助于毕业生顺利办理就业有关手续。

第一节　毕业生就业工作程序

一、毕业生就业管理部门的一般工作程序

目前，高校毕业生的就业管理机构主要有教育部、国务院有关部委和各省、自治区、直辖市、政府主管部门和高等院校。其工作程序大致如下：

（1）教育部对年度国民经济发展和国家重点建设工程情况开展调查研究，总结当年毕业生就业状况，制定相应的就业政策，从而确定年度的就业工作实施意见。各省、自治区、直辖市、中央有关部委按照文件精神制定本地区、本部门所属高校毕业生就业工作的意见。各高等学校根据国家就业方针政策和规定以及学校主管部门文件要求，结合本校毕业生实际情况，制定本校毕业生就业工作细则。

（2）省教育厅和各高校对毕业生进行资格审查、统计、汇总，并向社会公布毕业生资源信息。资格统计内容包括毕业生毕业专业、姓名、性别、政治面貌、家庭所在地，培养类别等。凡是属于国家正式派遣的毕业生都必须是招生时列入国家任务计划内招收的学生。

（3）省毕业生就业主管部门、高等学校对应届毕业生进行就业指导与教育，包括思想教育、政策指导、形势分析、信息指导、心理辅导、技术指导等，目的是为帮助毕业生根据自身特点和社会职业需求，选择最能发挥自己才能的职业，全面、迅速、有效地与工作岗位结合，实现自己的人生价值和社会价值。

（4）各地区、各部门和各高校的就业管理机构在每年的11月中下旬（教育部1999年规定在每年的11月20日以后）至下一年的5月中旬，采取多种形式召开由毕业生和用人单位参加的“供需见面、双向选择”洽谈活动，为毕业生求职择业创造条件，提供服务。毕业生在学校的指导下可直接参加这类活动。凡在这种“供需见面、双向选择”洽谈会上和毕业生就业市场上签定的就业协议书，均系有效合同，双方必须履行。如果有一方反悔，不按合同规定执行，将视为违约，要负违约责任（协议书上注明违约责任）。

（5）各学校将毕业生与用人单位签订的生效的就业协议书或学生已经落实就业单位的有关证明作为已经落实的就业建议方案在规定时间上报省教育厅主管部门审批，经调整、平衡后以正式计划下达。

（6）每年6月底至7月中旬由省毕业生就业主管部门按照毕业生就业方案集中办理省内各高等学校毕业生《就业报到证》和有关派遣手续。一般从6月下旬开始根据就业方案为毕业生办理离校手续。

（7）已落实就业单位的毕业生，在规定时限内持《全国普通高等学校本专科毕业生就业报到证》到工作单位报到，公安部门凭《报到证》办理户口迁移手续。用人单位凭《报到证》和户口迁移证按当地有关要求和规定予以办理接收手续和户口关系。毕业生报到后，用人单位应根据工作需要和毕业生所学专业及时安排工作岗位和岗前培训等。

（8）回家庭所在地二次就业的毕业生继续通过人力资源市场落实就业单位。在此期间，在本地区找到单位的，由当地就业主管部门办理派遣手续；如果在生源地之外地区找到就业单位的，经生源地区毕业生就业主管部门签署意见后仍可经毕业院校所在地区的省级毕业生就业主管部门办理改派手续。

近几年高校毕业生就业，基本上都是按上述程序进行的。具体到各高等学校，就业工作的程序也大致相同。一般说来：各高校要按照省级主管部门的要求核准来年的毕业生生源情况，并开始向用人单位发出征集需求信息的函件。待用人单位在学校规定的时间内将需要毕业生的情况返回学校后，学校将及时向本校毕业生公布国家发布的就业信息及学校收集的需求信息。毕业生在学校允许的范围内将利用各种途径，包括利用网络以及学校、地方及行业组织召开的“供需见面、双向选择”活动和毕业生就业市场与用人单位及时沟通洽谈，并在此基础上签定就业协议书。对在学校规定的时间内未找到工作的，学校将给予及时的、必要的指导，但不是包办代替。学校派遣毕业生的时间一般在6、7月份。派遣后的遗留问题处理则可以延续到当年的年底。

二、用人单位招聘、录用毕业生工作的程序

一般而言，用人单位的招聘活动要经历如下程序：

（一）确定需求和招聘计划

用人单位根据自身的建设和发展状况，确定当年需要招聘毕业生的岗位、人数和条件等，同时将根据要求制定详尽的招聘计划，并按毕业生就业主管部门要求进行需求信息登记。

（二）发布需求信息

用人单位在确定了需求后会及时对外发布，传递给大学生。其主要渠道有：

（1）在主管高校毕业生就业的政府部门登记。

（2）向高校毕业生就业工作主管部门（如学生处、就业指导中心、毕业办等）登记。

（3）在自己的网站和专业性就业网站（如辽宁省高校毕业生就业信息网、中华英才网）上发布信息，供学生上网浏览。

（4）通过电视、报纸、广播等媒体发布需求信息。

（三）进入校园招聘

为了在大学生中进行广泛宣传，一些用人单位还会到学校举办单位说明会和专场招聘

会，介绍单位的发展建设情况、人才需求情况及发展机遇、用人制度、企业文化及具体招聘事宜等，并回答大学生们关心的各种问题。也有的单位通过参加高校举办的各种形式的校园招聘活动与学生进行直接接触。

（四）收集毕业生信息

用人单位要招聘到优秀大学生，需要广泛收集学生信息。收集信息的主要渠道有：

（1）从省、市毕业生就业主管部门和高校就业工作部门获取学生信息。

（2）参加供需洽谈会（招聘会或就业市场）收集学生信息。

（3）在网站上收集学生信息。

（4）通过学生的自荐获取学生信息。

（5）有的学生通过报刊杂志等媒体所登的“求职广告”，也是用人单位获取学生信息的渠道之一。

（五）分析毕业生信息资料

对收集的学生信息进行分析处理，初选出符合自己条件的学生，以便进行下一轮筛选。一般而言，用人单位对学生分析的内容包括：性别、专业、知识水平、综合能力及素质。

（六）组织笔试

为了考核学生是否具有在本单位工作所需的基本知识、能力和素质，一些用人单位以笔试的形式选拔学生。笔试的时间、地点、出题范围用人单位会提前通知。

（七）组织面试

面试是许多用人单位考核学生综合素质的最后一关。有的用人单位要组织几次面试，每次面试参加人员及考核的侧重点是不相同的。一般而言，有经验的用人单位招聘人员不会故意提一些很难、很偏的问题，而是会创造一种较为宽松的氛围，与学生进行双向沟通与交流，从中发现其兴趣、特长，以及愿意从事的工作等。

（八）签订协议

用人单位与达成意向的毕业生签订就业协议书。有些用人单位还要与毕业生签订劳动合同，明确双方的责、权、利。

（九）接收报到的毕业生

用人单位为毕业生办理户口和档案手续，组织毕业生入职培训，安排职业岗位。培训的内容因用人单位而异，但目的都是相同的。即通过培训，让新职工明确单位的发展历史沿革、组织机构、规章制度和企业文化，掌握成为一名称职工作人员的知识和技能，以便尽快适应新的工作和生活环境。

三、毕业生自身的求职程序

毕业生求职择业程序可分为准备阶段、求职择业阶段和落实工作单位阶段。

（一）准备阶段

（1）了解国家和省、市有关毕业生就业政策。

（2）全面搜集、掌握需求信息，对用人单位的行业发展和单位状况进行全面了解，分析就业形势。

（3）客观认识，理智地进行自我分析，包括对自身性格、气质、兴趣、爱好、特长、能力、专业知识、职业理想等有准确的认识，从而对自己合理定位。

（4）确定合理的就业期望值，选择切实可行的择业目标。

（5）准备自荐材料，主要包括学校推荐表、个人简历、求职信以及相关的辅助证明材料等。

（6）自荐应聘。

（二）求职阶段

毕业生可通过有选择地参加招聘活动，与用人单位双向选择，或以各种求职方式将自己的推荐材料交给用人单位筛选，用人单位经过初选后，会向通过者发出通知，然后进入到下一个考核阶段。

（三）落实求职结果

求职成功后，毕业生要与用人单位签订由教育部统一制定的《全国普通高校毕业生就业协议书》（一式四份）。协议书明确规定了学校、用人单位及毕业生本人三方面的责任、权利和义务。毕业生与用人单位一旦签订协议，并经学校、政府毕业生就业主管部门鉴证审核后，即可编入当年的毕业生就业方案，在学校规定的时间内，到校领取《就业报到证》，办理离校手续，按照报到证规定的期限和指定的地点去就业单位报到。

四、机关单位招聘毕业生的程序

我国的机关单位包括各级党政机关、人大、政协、法院、检察院、群众团体机关等。现阶段，这些机关单位在招聘工作人员时基本上都是参照公务员的招考办法同期进行。

（一）国家公务员招聘办法

国家公务员一般是指政府机关工作人员，即在各级国家行政或党务机关依法行使行政权、执行国家公务的在职人员（不包括工勤人员）。按照《中华人民共和国公务员法》的有关规定，机关单位公务员的聘用实行凡进必考的录用原则：录用担任主任科员以下及其他相当职务层次的非领导职务公务员，采取公开考试、严格考察、平等竞争、择优录取的办法。民族自治地方依照前款规定录用公务员时，依照法律和有关规定对少数民族报考者予以适当照顾。录用公务员，必须在规定的编制限额内，并有相应的职位空缺。

（二）国家公务员的招考程序

中央机关及其直属机构公务员的录用，由中央公务员主管部门负责组织。地方各级机关公务员的录用，由省级公务员主管部门负责组织，必要时省级公务员主管部门可以授权设区的市级公务员主管部门组织。招录国家公务员的一般程序是：

（1）招录机关发布招考公告，说明招考的职位、名额、报考资格条件、报考需要提交的申请材料以及其他报考须知事项。

（2）招录机关根据报考资格与条件对报考人员的报考申请和资格进行审查。

(3) 对审查合格者公开组织笔试。考试内容根据公务员应当具备的基本能力和不同职位类别分别设置,主要有《行政职业能力倾向测试》和《申论》两个科目。

(4) 招录机关对考试合格者进行面试。

(5) 招录机关根据笔试、面试的考试成绩确定考察人选,并对其进行报考资格复审、考察和体检。

(6) 招录机关根据考试成绩、考察情况和体检结果,提出拟录用人员名单,并予以公示。

(7) 公示期满,中央一级招录机关将拟录用人员名单报中央公务员主管部门备案;地方各级招录机关将拟录用人员名单报省级或者设区的市级公务员主管部门审批。

(8) 省(市、区)和学校毕业生就业主管部门依毕业生与招录机关单位签订的就业协议编制就业方案,按有关规定,办理毕业生派遣手续。

按照法律规定,录用特殊职位的公务员,经省级以上公务员主管部门批准,可以简化程序或者采用其他测评办法。同时,对于新录用的公务员实行一年的试用期。试用期满合格的,予以任职;不合格的,将取消录用。

五、事业单位招聘毕业生的程序

国有事业单位一般是国家在政府机构之外设置的带有一定公益性质的机构,是为国家党政机关和国民经济、社会生活各个领域服务的,为国家创造和改善生产,增进社会福利,满足人民文化、教育、科学、卫生等方面的需要的单位,通常包括教育、科研、文化艺术、广播电视新闻、医疗卫生、体育、农林水利、综合技术服务和社会福利等单位。事业单位大多是以脑力劳动为主体的知识密集型组织,其主要职能是利用科技文化知识为社会各方面提供服务,因此专业技术人员是事业单位的主要构成人员,此外还有部分的管理人员和工勤人员。

(一) 事业单位的招聘办法

按照人事部制定的《事业单位公开招聘人员暂行规定》的有关要求,除了参照公务员制度进行管理和转为企业的事业单位外,事业单位招聘专业技术人员、管理人员和工勤人员,主要采取公开招聘的方式,由用人单位根据招聘岗位的任职条件及要求,采取考试、考核的方法进行。

考试内容主要是招聘岗位所必需的专业知识、业务能力和工作技能。考试科目与方式根据具体的行业、专业及岗位特点来确定。考试可采取笔试、面试等多种方式。对于应聘工勤岗位的人员,还可根据需要重点进行实际操作能力测试。

(二) 事业单位的招聘程序

事业单位的招聘程序包括:①制定招聘计划;②发布招聘信息;③受理应聘人员的申请,对资格条件进行审查;④考试、考核;⑤身体检查;⑥根据考试、考核结果,确定拟聘人员;⑦公示招聘结果;⑧签订聘用合同,办理聘用手续。

六、部队单位招聘毕业生的程序

(一) 部队单位的招聘办法

部队单位既包括中国人民解放军的陆军、海军、空军、战略导弹部队(即第二炮兵)和其他技术兵种，也包括为其提供支援、服务的相关单位，还包括武警、消防、边防等多种类别的人民警察部队。部队单位作为一种比较特殊的用人单位，由于其担负着维护国家主权与领土完整、维护世界和平、保障社会正常生产与生活秩序的重要职责，因而对应聘者的政治素质要求较高，其招聘毕业生的方式除了通过制定定向招生计划，招收定向到部队就业的国防生之外，主要是通过校园招聘和政府招聘活动。

（二）部队单位的招聘程序

（1）确定选拔计划，公布选拔人数与条件。

（2）接受毕业生报名和学校推荐。

（3）确定初选名单并开展考查，包括查阅档案、听取有关人员的介绍、政审等。

（4）确定录用名单，填写“入伍资格审查表”，安排入伍军检。

（5）与考查合格学生签订“全国普通高等学校毕业生就业协议书”，并报总政治部。

（6）总政治部下达接收毕业生计划，确定其工作岗位。

七、学校毕业生就业工作流程

学校毕业生就业工作流程见图 2-1。

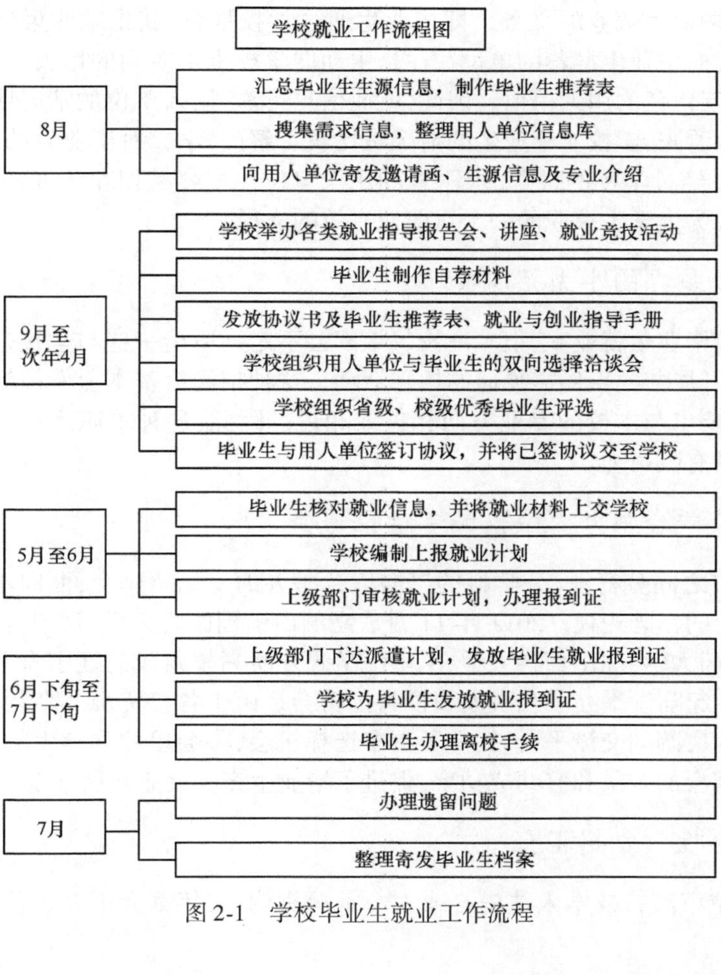

图 2-1　学校毕业生就业工作流程

第二节 毕业生就业途径

一、校内求职途径

（一）校园招聘会

每年大学生毕业之际，会有很多企事业、公司到各大高校开展校园招聘，这种招聘方式被称为散点式招聘。从 2003 年起至今，校园招聘会已基本成熟并定型，据统计有 80% 的毕业生是通过校园招聘信息找到工作的。用人单位直接来校内招聘，学生求职成功率往往比参加社会招聘会的成功率高。因为用人单位是基于对学校及学生的认可而进行招聘的，也避免了院校之间、学生和有工作经验的求职者之间的竞争。校园招聘会的优点是针对性强，安全可靠，降低了大学生的求职成本。因此，校园招聘是大学毕业生的主要求职途径，也是大学生求职的最有效途径。

（二）学校推荐就业

在双向选择过程中，学校毕业生就业部门为毕业生和用人单位提供良好的交流平台，创造条件让毕业生与用人单位见面，采取措施促成用人单位录用毕业生，根据优生优荐的原则，承担推荐毕业生就业的义务。即毕业生通过学校推荐，获得就业渠道并取得就业成功的方式。学校向毕业生推荐的单位往往是主动向学校提供明确的用人需求，或是与学校有密切关系、相互信任的用人单位。因此，就业信息可靠，用人单位的情况明确，值得依赖。同时在用人单位看来，学校对毕业生的情况是比较了解的，学校对毕业生的推荐可信度高，有权威性，因此，经过学校的推荐，求职者和用人单位往往容易相互认可，成功率较高。学校的就业推荐成为大学生求职的一个重要而有效的途径。

（三）高校举办的小型招聘会

为提高本校毕业生就业率，很多高校每年都会不定期邀请一些与学校建立长期合作关系的用人单位，开展与学生供需见面的招聘活动。这种招聘会基本上专门针对本校的毕业生，所招的职位要求与本校的专业方向相符或相近。因此，这种求职途径对本校毕业生来讲较受欢迎并具有吸引力。

（四）高校联合举办大型校园专场招聘会

这类是高校之间分行业、分学科的横向联合举办的专场招聘会，面向本区域高校的毕业生并具有一定的招聘规模。2011 年 11 月成立的由中国医科大学、辽宁医学院、大连医科大学、辽宁中医药大学、沈阳药科大学、沈阳医学院几所高校组成的辽宁省医药类高校就业联盟，从 2012 年起陆续举办了几次大型校园招聘会。由于各校资源共享，给用人单位和毕业生搭建了更为广阔的交流平台，拥有了更多选择机会，参会单位和学生的人数明显增加，大大提升了招聘会的效果和签约成功率，促进了毕业生充分就业和满意就业。

（五）综合性人才招聘会

全国各大城市高新技术人才中心或人力资源机构，每年都会举办各种各样的招聘会。

如大型综合招聘会、中小型专业招聘会以及专为毕业生服务的专场招聘会等。此类招聘会有许多特殊优势,招聘会规模庞大、招聘单位众多、行业范围广泛,大学生可通过参加这类招聘会了解就业行情,接触和熟悉社会,即使不能顺利签约也能够丰富自己的求职经验。

二、社会求职途径

(一) 电话求职

随着通讯技术的发展,电话已成为人际交往中必不可少的工具,电话求职的方式现在已经越来越为求职者和招聘者所接受,虽然是“只闻其声,不见其人”,但是短短的几分钟所体现的作用却很大。大学毕业生可先通过电话簿或已获取求职信息中选定自己喜欢的行业单位,然后按照地址及时与这些行业用人单位进行电话联系,询问和了解自己的应聘机会,向用人单位推销自己,表达自己的就业意愿。采用电话途径求职时应注意:要敢于主动推销自己,通过电话留给对方一个好的印象;要注意在短暂的时间里完成自己的求职过程,达到求职的目的,诸如对通话时段、通话时间、通话内容都要做精心设计和准备,也要熟悉必要的电话礼仪。

(二) 毕业生自我推荐

自荐分为直接自荐和间接自荐两种。

(1) 直接自荐是指由本人向用人单位做自我介绍、自我评价、自我推销。在没有其他关系介绍和推荐的情况下,大学生可以带着自荐材料,直接到一些选定的单位登门拜访,勇敢地把自己介绍给对方,赢得用人单位的赏识。直接登门自荐之前,首先要通过对该单位的性质、特点进行了解,做到心中有数,要在拜访时表现出对该单位的熟知、了解和喜欢,给用人单位留下深刻的印象。

(2) 间接自荐是指借助中介人、中介机构或者是相关材料推荐自己,即不亲自出马,只需将自己的想法和条件告诉第三方,或形成材料就能达到推荐自己的目的。间接自荐可以帮助毕业生扩大自荐的范围,对自己的成功择业也会助一臂之力。在求职过程中,如果关键时刻有关键人物帮自己引荐,效果会更好。有的教师与一些本专业对口用人单位的领导或业务骨干有较为密切的联系,或已在某个行业、学科中具有较高的学术声望,因此,他们的推荐容易引起用人单位的重视和信任。因此,通过老师、亲朋好友找工作比较可靠,成功率也较高。老师、亲朋好友的推荐分为两种情况:一种是“无力度”的推荐,只是推荐毕业生完成择业应聘过程;另一种是有“力度”的推荐,这种推荐可直接影响人力资源部门的决策,但前提必须是求职者要符合该单位该职位的任用条件,或者说完全能胜任工作。

(三) 报纸广告求职

通过报纸广告求职,是传统的求职方式,也是当前获得求职信息的重要手段。众多的求职者通过阅读报纸招聘广告,获得大量的招聘信息,将自己的求职意愿通过报纸广告发布出去,让用人单位来寻找自己。今后,通过报纸广告求职仍将是一种主要的择业手段和途径。报纸招聘广告的真实有效性较大,广告版面的大小也可以反映出招聘单位对人才的需求程度。在报纸广告上查找求职信息的时候,可以优先考虑专业的人才类、招聘类报纸,还有日报、晚报大都有人才或招聘类专版。另外，通过报纸求职往往要按求职程序进行，比如先邮寄简历，简历初审之后再通知面试等。求职者应该严格遵守这样的程序，而不要自作聪明贸然去造访。遵守程序既是对用人单位的尊重，也是对自己的尊重。

（四）网络求职

网上求职是一种特殊的择业形式，网络求职方便快捷，是一种多快好省的择业新方式。据统计，现在有超过2%的人是通过网上求职而成功就业的，并且这种趋势还在增长之中。随着互联网的高速发展，越来越多的求职者开始关注网络求职的实践与应用，林林总总的专业求职网站也应运而生。当前，大学生网络求职可选网站主要分为三大类：一类是政府公益性招聘网站，该类网站由政府部门主办，具有招聘信息真实，政策信息权威等特点，部分网站还具有地方性和区域性等特点。目前，常见的政府公益性网站主要由国家、各省、各市（县）教育部门和人力资源和社会保障部门主办，如：全国大学生就业公共服务立体化平台（www. ncss. org. cn）、辽宁省高校毕业生就业信息网（www. Lnjy. com. cn）、中国人力资源市场网（www. chrm. gov. cn）；二是商业性招聘网站，该类网站由商业组织主办，具有招聘信息量大，更新周期短，服务内容多等特点。但是目前商业招聘网站众多，网站质量参差不齐，部分招聘信息不实，使求职者难辨真伪。目前，较为知名商业性招聘网站有：前程无忧（www. 51job. com）、智联招聘（www. zhaopin. com）、中华英才网（searchjob. chinahr. com）等；三是企业网站，很多企业网站都有自己的招聘板块，供求职者查询应聘。

网上求职一般有两种形式：一种是在网上发布求职信息，坐等用人单位来联系；另一种就是根据网上发布的招聘信息发送自己的求职意向，或直接登录用人单位站点，主动发电子邮件和对方联系。网上求职已得到众多的用人单位和毕业生的认可。此种方式覆盖面宽，可以扩大自荐范围，不受时空限制，不受“临场发挥”和“仪表效应”的影响，也是毕业生求职择业过程中常用的自荐方式。但另一方面，网上招聘也存在不足的地方，虚假招聘消息或虚假简历极大挫伤了求职者或招聘单位的积极性，个人隐私问题也会给求职者带来麻烦，这都制约了网上招聘的健康发展。

综上所述，求职者一定要根据自己所在的地域、所学专业、求职行业及自身条件来选择最有把握和最有机会的求职途径和方法，最大限度地降低求职成本、缩短“徘徊”周期，尽快实现就业。

三、大学毕业生择业基本类型

（一）订单式培养与就业

所谓订单培养，就是学校根据用人单位的标准和岗位要求，与用人单位共同确立培养目标，制定并实施教学计划，实现人才定向培养的教育模式。双方签订用人及人才培养协议，形成一种法定或近于法定的委托培养关系；明确双方职责，学校保证按需培养人才，学以致用；用人单位保证录用合格人才，用其所学。它促进了人才供需双方零距离对接，提高了毕业生就业质量和就业率，从而降低成本，减少风险，提高人才配置及利用效率。定单培养的大学生，一般直接到订单单位直接就业。

（二）就业市场双向选择就业

通过就业市场的调节作用实现毕业生资源的合理配置已成为毕业生就业的主要形式。市场双向选择就业主要是指通过招聘会形式，用人单位和毕业生双向选择实现就业的一种途径。国家、省、市、高校等每年都举办毕业生就业双选会，为用人单位、毕业生构建可靠、安全的双向选择洽谈平台，促进双方通过洽谈会达成就业意向或者签订就业协议。高校毕业生校园市场和省、市就业市场是毕业生求职择业最终实现就业的主渠道。

（三）考试录用就业

考试录用就业是目前用人单位招聘毕业生的一种重要方式，同时也是毕业生就业的一条重要途径，主要是国家机关考录公务员、事业单位选用工作人员等。考试又包括面试和笔试。笔试主要考核毕业生的文字能力、知识面和综合分析能力，分为专业知识考试、心理测试、命题写作、综合考试等类型。面试主要了解应试毕业生的素质特征、能力状况、求职动机、形象气质等是否满足特定岗位的要求。

公务员考试录用制度是我国干部人事制度改革的一项重大内容。1982 年，原劳动人事部在《吸收录用干部的若干规定》中首次提出了“考试录用”的要求。1989 年 1 月，国家在一些部门中试行补充非领导职务，采取“公开考试、严格考核、择优录用”的公务员考试录用制度。1994 年 6 月，国家人事部颁布实施了《国家公务员录用暂行规定》，由此使公务员考试录用工作有法可依，步入了法制化、规范化轨道，并逐步确立了国家行政机关“凡进必考”的用人机制。由于国家公务员的社会地位、工资待遇较高，并具有良好的晋级条件，这使得许多人都希望进入到国家公职机关，公务员已成为大学生首选的阳光职业，近年来出现了持续不断的招考热。

1. 公务员考试方式 采取笔试和面试。

2. 公务员考试类别 从 2002 年起，国家公务员考试实行分类考试。国家中央机关和行政机关公务员招考按职位性质不同，大体可分为 A 类和 B 类。

A 类为综合类职位：主要包括在中央党群机关、国家行政机关、部分中央垂直管理系统机构中的省级机关和直属机构，从事政策、法律法规规划等的研究起草工作和政策、法律法规、规划实施的指导、监督检查工作，以及从事机关内部综合性管理工作的职位。

B 类为专业类职位：主要包括在中央国家机关和中央国家行政机关派驻机构与中央垂直管理系统所属机构中，从事机关内的专业技术工作、对机关的业务工作提供专业技术支持的职位等。

（四）项目就业

为促进欠发达地区的经济发展和社会进步，发挥中央和省市政府的宏观调控作用，引导和鼓励大学毕业生到基层、到西部、到贫困地区建功立业，制定并实施了一系列到基层就业项目，帮助高校毕业生实现就业。如“大学生志愿服务西部计划”、“三支一扶计划”、“大学生志愿服务辽西北计划”、“农村义务教育阶段学校教师特设岗位计划”、“选聘高校毕业生到村任职工作”等等。辽宁省也制定了一些基层项目：如“志愿服务辽西北计划”等。志愿服务辽西北，是以“三支一扶”的形式支援辽宁西北地区建设，是辽宁省启动的项目，自 2009 年起“大学生志愿服务辽西北计划”与“三支一扶”计划分开实施。这些项目的实施不但鼓励大学毕业生扎根基层,为建设小康社会贡献聪明才智,而且促进了毕业生的就业,为毕业生的锻炼成长和成才及事业的发展创造了条件。

【大学生志愿服务西部计划】 这一计划是2003年由共青团中央牵头,教育部、财政部和人力资源社会保障部联合启动实施的。按照公开招募、自愿报名、组织选拔、集中派遣的方式,主要是在教育部公布的全日制普通高校中,每年选拔招募一批应届毕业生,以志愿服务的方式到西部12个省(市、区)贫困县的乡镇从事为期1~3年的教育、卫生、农业技术、扶贫以及青年中心建设和管理等方面的志愿服务工作。推进农村共青团工作、全国农村党员干部现代远程教育试点工作、基层检察院、基层人民法院、基层司法援助、西部农村平安建设等方面的志愿服务工作。志愿者服务期满后,鼓励其扎根基层,或者自主择业和流动就业,并在其升学、就业方面给予一定政策支持。

【"三支一扶"计划】 三支一扶是支教、支农、支医、扶贫工作的简称。2006年,中组部、人事部等八部门下发《关于组织开展高校毕业生到农村基层从事支教、支农、支医和扶贫工作的通知》,以公开招募、自愿报名、组织选拔、统一派遣的方式,从2006年开始连续5年,每年招募2万名高校毕业生,主要安排到乡镇从事支教、支农、支医和扶贫工作。招募方式为每年5月底前,各地根据下达的招募计划,采取考核或考试的方式进行公开招募;每年7月底前,派遣"三支一扶"大学生到服务单位报到。服务期限一般为2~3年。招募对象主要为全国普通高校应届毕业生。

【选聘高校毕业生到村任职工作】 2008年,中组部、教育部、财政部、人力资源和社会保障部出台了《关于印发<关于选聘高校毕业生到村任职工作的意见(试行)>的通知》,用五年时间选聘10万名高校毕业生到农村担任村委会主任助理、村党支部书记助理或团支部书记、副书记等职务。选聘的高校毕业生在村工作期限一般为2~3年。

1. 选聘对象和条件 选聘对象为30岁以下应届和往届毕业的全日制普通高校专科以上学历的毕业生,重点是应届毕业和毕业1至2年的本科生、研究生,原则上为中共党员(含预备党员),非中共党员的优秀团干部、优秀学生干部也可以选聘。

基本条件是:①思想政治素质好,作风踏实,吃苦耐劳,组织纪律观念强。②学习成绩良好,具备一定的组织协调能力。③自愿到农村基层工作。④身体健康。此外,参加人力资源社会保障部、团中央等部门组织的到农村基层服务的"三支一扶"计划、"志愿服务西部计划"等活动期满的高校毕业生,本人自愿且具备选聘条件的,经组织推荐可作为选聘对象。

2. 选聘程序 选聘工作一般通过个人报名、资格审查、组织考察、体检、公示、决定聘用、培训上岗等程序进行。

(五) 应征入伍服义务兵役就业

征集高校应届毕业生入伍,是适应军队信息化建设发展,从源头上提高新兵质量,改善部队兵源结构,深化征集对象主体调整改革的一项重要内容,是适应我国高等教育快速发展形势,走依托国民教育培养军事人才,从高起点上加强士兵特别是士官队伍建设以及生长军官队伍建设,推进人才战略工程的重要方面。高校入伍服义务兵役,是实现就业的一条重要途径。

(六) 灵活就业

灵活就业是指在劳动时间、收入报酬、工作场地、保险福利、劳动关系等方面不同于建立在工业化和现代企业制度基础上的传统主流就业方式的各种就业形式的总称。随着社会发展和分工的细化,职业模式日益灵活多样,就业涵盖的领域日趋广泛。灵活就业可分为三个类别:

第一类,主要是指小型企业、微型企业和家庭作坊式的就业者,以及虽为大中型企业雇用,但在劳动条件、工资和保险福利待遇以及就业稳定性方面有别于正式职工的各类灵活多样就业形式人员,包括临时工、季节工、承包工、小时工、派遣工等。

第二类,是由科技和新兴产业的发展,以及现代企业组织管理和经营方式的进一步变革引起的就业方式的变革而产生的灵活多样就业形式,如目前发达国家广泛流行的非全日制就业、阶段性就业、远程就业、兼职就业、产品直销员、保险推销员等。

第三类,是独立于单位就业之外的就业形式。包括:①自雇型就业,个体经营和合伙经营两种类型。②自主就业,即自由职业者,如律师、作家、自由撰稿人、翻译工作者、中介服务工作者等。③临时就业,如家庭小时工、街头小贩和其他类型的打零工者。这些职业自由度大,限制少,既满足了社会的需要,又在很大程度上符合大学生的就业需求。

(七) 自主创业

自主创业是毕业生一种新的就业途径,毕业生通过科技创新、社会服务或发挥在某一方面的特长,利用所学的知识,自己或与他人合伙创办公司。自主创业不仅可以解决自身的就业问题,而且也可以为他人创造就业机会。国家和地方政府都在积极支持和鼓励毕业生自主创业,现已出台了一系列的扶持政策,为毕业生的自主创业创造条件。

(八) 延缓就业

一些毕业生因正在办理出国的相关手续,或是暂时未能找到满意的工作单位,主动不就业,待找到理想工作时再就业,这部分毕业生往往会选择暂缓就业或者先回家庭所在地再择业就业。也有的毕业生采取先办理就业代理或人事代理,解决户籍、档案等后顾之忧后再继续择业的做法。

随着我国改革开放的深入发展,特别是加入世贸组织后,教育的国际交流日益频繁,中国公民有了更多的机会自费出国留学。所以,大学生毕业后直接申请出国、出境留学的也在逐年增多。延缓就业和暂时的待业是一种正常的社会现象,对社会、个人和对市场都是一种调节,但待就业时间不能太长。大学毕业生对此也应该有充分的思想准备。

(九) 升学、留学

1. 专升本考试　为满足高职高专学生继续接受教育的需求,缓解专科层次学生就业压力,全国各省市区均举办普通高校专升本教育,这不仅是一项高等教育教育改革措施,也是一项教育服务政策,同时填补了高职高专学生可直接升入普通本科院校继续深造的教育空白。

2. 毕业生出国留学　随着我国改革开放的深入发展,特别是加入世贸组织后,教育的国际交流日益频繁,中国公民有了更多的机会自费出国留学。所以,大学生毕业后直接申请出国、出境留学的也在逐年增多。

3. 考研深造　许多大学生为了获取更多的知识和更高的学历,在校期间就为自己确立了进一步深造的目标,毕业后直接通过考试升学深造。随着高校毕业生就业形势的日益严峻和研究生教育招生规模的增大,选择升学深造的毕业生也在逐年增加。

四、毕业去向的分析与选择

(一) 影响毕业去向选择的因素

1. 家庭经济条件 家庭经济宽裕与否在一定程度上影响了毕业生毕业后的去向选择。

2. 兴趣爱好 兴趣是影响人择业的最主观因素,也是判别一个职业是否适合自己的关键因素,所以大学生在择业时一定要充分考虑自己的兴趣。

3. 个人能力与经验 能力包括职业能力和非职业能力。职业能力特指影响一个人做好一份职业、在职业上的发展的能力,而非指个人的所有能力。也就是说,如果选择了某一职业,必须要具备从事这一职业的最起码的职业能力。作为经验的动物,一个人曾经体验和经验过的工作会在一定程度上影响他对职业的选择。因为做过、体验过,他会通过实际体验来确定自己是否喜欢、是否胜任,另一方面,他会产生路径依赖,会因为熟悉而选择。

4. 亲友意见或他人的支持

5. 实现概率与机会成本

(二) 毕业去向选择的原则与方法

1. 原则

(1) 正视现实、客观评价、准确定位。

(2) 兼顾大环境。

(3) 主动出击、勇于竞争。

(4) 重在能力锻炼,不求专业对口。

2. 方法 思考下列几个问题:

(1) 你最想从事的工作是什么?

(2) 你现在能做什么?

(3) 你掌握了多少知识、经验、技能?

(4) 你具备哪些进入社会的能力?

(5) 你的职业期望是什么?

(三) 毕业去向选择评估

(1) 能否满足基本生活支出?

(2) 能否实现专业素质发展?

(3) 能否符合社会基本需求?

(4) 能否遵守政策法律规定?

(5) 能否保障上升空间提升?

量化去向选择:时间、标准、手段,分析影响毕业去向的障碍因素,寻找存在问题及解决手段,依据时间和条件补充知识和技能。

第三章　大学生就业心理

通过本章学习，你将能够回答下列问题：

1. 如何理解就业心理的内涵？
2. 大学生就业心理的健康性特征有哪些？
3. 大学生就业心理的时代性特征有哪些？
4. 大学生就业认知、情绪、社会心理问题有哪些表现？
5. 导致大学生就业心理问题的主体因素有哪些？
6. 如何进行大学生就业心理问题的自我调适？

就业是所有大学毕业生包括医学院校毕业生都要面临的重要人生选择，因此就业时把握好心理状态十分重要，心理状态的好坏不仅会影响就业行为，更会影响到学生的未来发展。大学时期，是人的心理发展频繁变化的时期，是大学生就业心理形成与改变的关键时期，也是从幼稚走向成熟的转折时期，大学时期的就业心理教育十分必要。本章在理论层面对大学生就业心理概念、内涵和特点进行了阐述，在现实层面上对大学生就业心理存在的问题及其主体原因进行了分析，并为大学生提供了就业心理主体调适的技巧、方法和途径，以期帮助大学生从众多的就业心理困惑、就业心理冲突中解脱出来，让他们学会调适心理状态，从容、冷静地面对就业问题，并作出正确、理智的选择。

第一节　大学生就业心理理论概述

一、大学生就业心理的概念与内涵

（一）心理的含义

人们对心理本质的理解，是与哲学的根本问题紧密联系的，并历来存在唯心主义、唯物主义两种根本对立的观点。唯心主义认为，人的心理、意识是不依赖于物质而独立存在的，它是产生宇宙万物的本源，是第一性的，而物质世界则是人的心理意识的派生物，是第二性的。唯物主义坚持物质第一性，心理意识第二性的观点，认为世界是物质的，先有物质而后有人的心理、意识，心理、意识是物质的产物。从此原理出发，辩证唯物主义正确地解释了物质与精神，存在与意识，生理与心理的辩证关系，明确指出，心理是人脑的机能，是客观现实在人脑中的反映。

1. 心理是人脑的机能　辩证唯物主义首先肯定人的心理对人脑这个特殊物质的依存性，强调人的心理是物质的、肉体的器官即人脑的产物和机能。心理现象是在动物适应环境的活动过程中，随着神经系统发生而出现，又随着神经系统的不断发展和不断完善才由初级不断发展到高级的。人的心理是心理发展的最高阶段，因为人的大脑是最为复杂的物质，是物质发展的最高产物。正常发育的大脑为心理的发展提供了物质基础。没有脑的心理,或者说没有脑的思维是不存在的。

2. 心理是客观现实的反映 心理现象是客观事物作用于人的感觉器官,通过大脑的活动产生的。客观现实是心理的源泉和内容,离开了客观现实来考察人的心理,心理就成了无源之水,无本之木。对人来说,客观现实包括自然界,也包括人类社会,还包括人类自己。心理对客观现实的反映不是镜子式的反映,而是能动的反映,通过心理活动不仅能认识事物的外部现象,还能认识到事物的本质和事物间的内在联系,并用这种认识指导人的实践活动,改造客观世界。心理支配人的行为活动,又通过行为活动表现出来,因此可以通过观察和分析人的行为活动客观地研究人的心理。

(二) 大学生就业心理的概念与内涵

研究我国大学生的就业心理问题,必须首先明确大学生就业心理的概念。然而,关于大学生就业心理概念的界定至今尚未有统一论述。

有学者指出:就业心理是大学生在职业选择中的心理活动过程,包括就业准备、就业冲突、就业调试等心理过程。就业准备,一是心理上的准备,包括主动的就业意识、积极的竞争意识、健康的自信心、敢于面对失败的心理等;二是思想上的准备,包括正确认识机遇、服从社会需求、了解职业的性质、掌握用人单位情况等。就业冲突,指高期望与现实的冲突、就业的趋利性和自我发展的冲突、多样化选择与依赖心理的冲突等。就业调适,指改变或扩大原有认知结构,以适应新情境的心理历程。

目前普遍为学者们所接受的大学生就业心理的内涵是指:大学生在考虑就业问题时,为获得职业做准备及在寻求职业过程中产生的各种心理现象。同时也有学者认为,大学生的就业心理可以从认知心理、情绪心理、社会心理三个层面进行分析。可以归纳为就业心理倾向、就业心理素质、就业心态三个方面。其指标体系主要包括自我和职业认知状况、对社会与就业相关事物的认知状况、自主择业意识、就业准备、工资的期望值、单位性质的选择倾向、就业地点的选择倾向、择业价值标准、就业信息渠道和就业途径、对专业与工作对口问题的态度、就业心理压力、具体的就业心理状态、对就业指导的评价和需求等内容。

就业是大学生活中一个重要的内容,更是大学生在人生中面临的一个重大抉择,多数大学生从进校起就会开始考虑自己的前途问题,尽管部分学生对就业问题还是很迷茫,但多数人还是为未来的就业提早做了很多准备。因此,大学生的就业心理是贯穿在其整个大学的学习与生活中的心理现象,同时也与大学生的其他心理现象如人格心理、需要心理、学习心理等有着密切的联系,因此,大学生的就业心理是以就业为中心,在其他心理的共同作用下形成的,它的产生、变化、发展过程较为复杂。

二、当代大学生就业心理的健康性特征

人的心理过程通常包括认知、情绪情感、意志和个性心理这四个方面。在大学毕业生就业的过程中,很多学生能够保持健康的心态,从容、乐观、勇敢地面对就业现实,做出正确的就业抉择,其就业心理的健康性特征也主要体现在认知、情绪情感、意志和个性心理这几个方面。

(一) 客观的就业认知

就业认知包括自我认知和外围就业环境认知两个方面。许多毕业生能够进行对就业

政策、就业形势、就业市场等外围环境方面的主动客观的认知，同时也能够客观地进行自我认知。“人贵有自知之明”，他们既不自以为是，妄自尊大，也不看低自己，妄自菲薄。他们自尊自爱，认识到“世界上没有两片相同的树叶”，自己有自己的特色，是独一无二的，懂得自我珍惜。他们知道爱自己才能爱他人，自尊才能得到比人的尊重。他们充满自信，相信自信是成功的第一秘诀，他们能够自我进行调控，能自我监督，自我激励，自我动员，自我控制。他们了解自己，欣然接纳自己，充分展示自己，有效调控自己，不断完善自己。他们很好地处理自身与外界的各种关系，始终保持良好的心理状态。

（二）稳定的就业情绪

稳定愉快的情绪在就业过程中十分重要。面对就业，许多大学毕业生善于调节自己的情绪，适当表达自己的情绪和适度宣泄自己的不良情绪，还会主动控制和管理自己的情绪，“不以物喜，不以己悲”，保持良好就业心态。他们愉快、乐观、开朗、满意等积极情绪总是占优势，虽然也会有悲、愁、忧、怒等消极情绪体验，但能对其强度和维持时间加以控制，做到喜不狂、忧不绝、胜不骄、败不馁，对未来总是充满希望。

（三）坚强的就业意志品质

意志是个体有意识地支配、调节行为，克服困难，以实现预定目的的心理过程。毕业生面临“双向选择”是公平而残酷的，会有人成功，也会有人失败，坚强意志对于遇到挫折的毕业生来讲至关重要。很多毕业生在挫折面前体现出坚强的意志品质。他们正确看待挫折，认为那是一种鞭策，是锻炼意志、增强能力的机会，故他们保持乐观坚强的心态，重新振作，彻底摆脱“等、靠、要”的思想，加快自立自强的转化过程，成为新的就业机会寻找者和把握者。

（四）完整统一的人格结构

人格是指人的整体精神面貌，人格完整指人格形成要素的气质、能力、性格和理想、信念、人生观等各方面平衡发展。在就业过程中，心理健康的毕业生具有积极进取的人生观、价值观和世界观，思、言、行协调一致，并以此为中心把自己的需要、愿望、目标和行为统一起来，做到态度与行为相一致，不为眼前利益放弃远大目标，公平参与竞争，不为私欲而背弃良心。能够自信、自尊、自爱、自强，乐观向上。

三、当代大学生就业心理的时代性特征

如今，高等教育已经由“精英教育”转变为“大众化教育”，高校的普遍扩招使得高校毕业生数目逐年增加，大学生就业竞争日益激烈。面对着严峻的就业形势，当代大学生的就业心理出现了新的变化，也表现出一些共同的时代性心理特征，集中体现为以下几个特点：

（一）以自我为中心，注重自我价值的实现

大学时期是学生就业心理成长的黄金时期，大学生不仅拥有充沛的体力，而且又处于人生智力的高峰期，对个人成就感的追求强烈，同时处于该时期的大学生在行动上最积极、思想上也最少保守，因此常有敢想、敢说、敢干的冲劲。然而我们也应该看到，如今的大学

生群体是时代的宠儿,肩负着国家、社会、家庭的希望,在成长过程中比任何时期都备受关怀和瞩目,因此又常常表现出过于“以自我为中心”,这也是缺乏社会生活经验和政治经验的表现。当今的大学毕业生在就业过程中,多以自我为中心,注重个人奋斗、强调自我价值的实现和追求经济待遇,以个人就业目的来衡量就业的好坏。他们由于更加关注工作环境和自身的发展前景、潜能发掘,因此不愿在工作中当配角,唯恐自己的才能会被用人单位埋没、被大材小用,没有发展空间。

(二) 经济价值优先,功利主义倾向日趋严重

随着我国改革开放、市场经济的不断深入,“经济价值优先型”逐渐成为大学生的就业价值观。市场经济的发展在一方面促进了大学生自我价值意识的增强,另一方面,使大学生的功利主义倾向日趋严重。在就业过程中,许多大学毕业生把社会地位、声誉声望等东西看得比较淡,而较多地、过分地注重职业的经济利益,重视个人发展、经济收入等实际的功利化的因素。尽管大学生也意识到个人的存在不能脱离现实,要受到现实中各种因素的制约,但是他们更加强调接受现实的同时,在现实利益的追求中,把索取摆在最前方,在对个人利益的关注增多的同时,重实惠、重利益的倾向十分明显。

(三) 就业心态复杂,矛盾心理日益突出

在就业过程中,大学毕业生的就业心理是复杂善变的。经过了几年的大学生活,大学毕业生拥有了比较丰富的专业知识,提高了为人处事和解决相关问题的综合能力,在自身人格方面也有了积极、明显的进步和发展,所以他们在就业前,都有着积极的就业动机和强烈的就业愿望,为能够尽快实现自己的理想而跃跃欲试、满怀憧憬。然而毕竟他们在心理上仍不够成熟,又对社会的认知太少,分析问题常过于理想、简单,就业理想常脱离客观条件。为此,在现实的就业过程中,就会产生各种各样矛盾的心理,主要有以下两种矛盾。

1. 实现理想与面对现实的矛盾 大学毕业生有自己的理想和追求,对实现自身价值愿望强烈,想成就一番事业有一番创举,愿意根据自己的专业到祖国需要的地方去,到他们认为能实现自己“价值”的单位去。一部分毕业生也能接受从基层干起的观点,愿意将自己的前途同国家、民族的命运紧密结合,有着强烈的报国之志。但在他们拥有实现自身价值的雄心壮志的同时,又缺乏艰苦创业的心理素质。他们平时在家中娇生惯养,缺少实践和锻炼,还没有充分做好艰苦奋斗的心理准备。在现实问题的选择上,当代大学生的心理期望值很高,大都希望在环境好、条件好、效益好,有利于自我发展的单位就业,而真正愿意到能发挥作用、实现抱负的偏远地区及基层就业的人较少。

2. 渴望竞争与缺乏信心的矛盾 在社会主义市场经济体制下,高校毕业生对“双向选择、自主择业、毕业生走向人才市场”已基本形成共识,自主择业的意识深入人心,他们也认同竞争是实现优胜劣汰的最有效方式。然而,许多毕业生面对竞争时,却缺乏应有的自信心,缺乏足够勇气,顾虑重重、优柔寡断,害怕失败和受挫,担心自己会被淘汰。原因是多方面的,有些毕业生对公平竞争机制持怀疑态度。“双向选择”的就业竞争机制给大学生提供了在竞争中实现自己理想和抱负的机会,尽管我国的公平竞争机制确实在某些环节还不够完善,但是总体上还是能够达到基本公平的。但有些毕业生因担心自己缺少社会关系,盲目悲观,怀疑甚至否定公平竞争机制,甚至干脆放弃竞争。这样的错误心理往往影响他们参与就业竞争时正常水平的发挥,也给未来发展带来消极的影响。有些毕业生则因意识到

自身素质能力欠缺而难以直面竞争。就业制度的改革,为大学生择业提供了公开、平等的竞争环境,这种竞争是十分激烈的,是综合素质的竞争,包括“创新能力”、“人际交往能力”、“外语、计算机水平”、“心理素质”、“知识面和口才”等。这些素质正是几年的大学生涯应该学习和培养的,但很多大学生虚度光阴,培养不够,导致参与竞争的自信心不足。

【心理健康的标准】 所谓心理健康,是指在身体、智能以及情感上与他人的心理健康不相矛盾的范围内,将个人心境发展成最佳状态。

1. 美国心理学家马斯洛和密特尔曼认为正常心理有十条标准

(1) 充分的安全感。

(2) 充分的了解自己,并对自己的能力作适当的估价。

(3) 生活的目标能切合实际。

(4) 与现实环境保持接触。

(5) 能保持人格的完整与和谐。

(6) 具有从经验中学习的能力。

(7) 能保持良好的人际关系。

(8) 适度的情绪表达及控制。

(9) 在不违背团体的要求下,能有限度的发挥个性。

(10) 在不违背社会成规下,对个人的基本需求能作恰如其分的满足。

2. 我国学者认为心理健康的大学生应具有的特点

(1) 智力正常,学习效率高。

(2) 情绪稳定,心情愉快。

(3) 意志品质好,耐挫力较强。

(4) 自我意识正确。

(5) 行为符合大学生的年龄特征。

(6) 个性和谐统一。

(7) 人际关系得当,与人为善。

(8) 适应环境能力强。

(9) 性心理正常。

第二节　大学生就业心理存在的问题

就业是每个大学生面临的人生重大抉择,因此,就业问题始终是大学生最关心和最忧心的问题,“前途意识”实际上主宰着大学生学习和生活的全过程。就业走上市场化,意味着就业压力的日益增大,就业矛盾的日益突出,就业竞争的日趋激烈。大学生作为一群高智商、高文化、高自我价值的群体,其理想与追求有明确的目的性,面临着更多的机遇与挑战的同时也面临着更大的心理压力与冲突。当理想与现实、希望与失望、目标与挫折发生冲突而导致的巨大心理落差时,这种落差将使大学生处于一种心理失衡状态,常常在认知心理、情绪心理、社会心理方面出现一些心理问题,这些心理问题如不及时加以调适和指导,极有可能诱发诸多心理疾病。

一、认知心理问题

大学毕业生就业认知心理是指大学生在就业过程中对自己、对职业及其周围社会环境等的认识、了解和就业中对事物的推理与判断。当代大学生在就业的过程中存在着一些认知心理问题，具体包括：自我认知不准确和对外围环境认知不准确。

（一）自我认知不准确

“认识你自己。”这是雅典一座德尔菲神殿上面刻的一句广为人知的话，苏格拉底经常以此自省，同时也借此激励别人。所谓“知人者智，自知者明”，对大学生就业而言，认知自己是至关重要的。在就业过程中，大学生要主动进行自我认知，了解自身的兴趣、性格、能力和价值观等，要正确、全面、客观地评价自己，对自己的所学专业、工作能力、爱好特长、优势与劣势有一个完整的把握。只有这样，在择业过程中，才能有明确的角色意识和目标性，扬长避短，进而合理定位。但是能够准确自我认知并非一件易事，很多大学生就业时就存在着不能够准确的自我认知和自我评价的问题，要么对自身素质和就业竞争力评价过低，不敢主动参与就业竞争，怀有一定的自卑心理；要么非常自负，自命不凡，认为自己各方面能力很强。自卑心理和自负心理是大学生就业自我认知不准确的两个表现，此两类问题都是自我认知错位的结果，看似南辕北辙，实则一体两面。

1. 自卑心理

案例 3-1　小君，女，护理学专科学生，来自贫困山区，长相一般，学习成绩也一般。毕业前，她和同学们一起去参加了招聘会，招聘会上很多医疗机构都贴出了招聘护理人员的信息。当看到条件稍好、比较心仪的医疗机构招聘时，同学们都争先恐后投简历，可唯独她迟疑着不投，在大家劝说下勉强投了，可面试时却又不到场，错过很多机会，同学们问她理由她也不说。辅导员老师了解到此情况之后与她谈话，迟疑半天她才说出理由，那就是总觉得自己条件太差，肯定竞争不过其他一起应聘的同学。她总是觉得自己是专科学生，跟很多本科生同时应聘，肯定没什么希望，所以一点信心都没有。即使与自己同学相比，她认为自己还是不行，因为自己学习成绩一般，没什么优势；自己语言表达能力也不行，不像其他同学能说会道；自己长得也不漂亮，难以给用人单位留下很好的印象；另外家境也不好，没有同学家庭有背景等等。总之，她总是觉得自己处处不如别人，肯定竞争不过别人，所以简历投了也是白投，面试肯定也通不过。因此她投简历时非常犹豫，对好一些的岗位更是没有信心，而面试干脆放弃，不惜错过就业机会。

案例分析　自卑是一种弱化的个性，是缺乏自尊心、自信心的表现，是个人认为自己有某些心理或能力方面的缺陷而产生的轻视自己的心理。持有这种心态的毕业生主要有以下几类：

一是部分高职专科生。这几年有些用人单位偏重学历，用人门槛逐年提高，宁愿要差的本科生，也不要优秀的专科生，导致对专科生的需求比例逐渐减少，专科毕业生供大于求。加上部分专科生择业望值偏高，不愿到基层，面对研究生、本科生的竞争，很容易产生自卑心理，觉得低人一等。

二是部分女生。由于女性的生理和心理特点，一些女大学毕业生在择业时常常受到冷落，用人单位不愿要女大学生的性别歧视现象依然存在。有些女毕业生缺乏自立自强精神，无法面对就业过程中的遇到的不公平待遇，也容易产生自卑心理。

三是部分缺乏社会关系以及来自农村的学生。在社会转型时期用人制度以及人才市场尚不健全的情况下，某些社会关系在毕业生就业过程中依然发挥着特殊的作用。即使在校学习、表现和能力一般，但凭借良好的社会关系很快落实较好单位的毕业生大有人在，这就给那些缺乏社会关系或来自农村、性格内向的学生带来负面的影响，在他们看来，学习好不如家庭好，面对无法改变的不公正的事实，自卑心理油然而生。

四是部分成绩不佳以及受过处分的“问题毕业生”。这些毕业生由于推荐材料上存在“污点”，择业时总害怕被用人单位发现，害怕被用人单位抛弃。于是，对于用人单位的招聘总是躲躲闪闪，跟其他没有“污点”的同学共同竞争时更是没有勇气和信心，自暴自弃。

持有自卑心理的大学生在求职择业过程中缺乏必要的主动性，过于拘谨，不敢大胆主动地向用人单位推销自己，不敢竞争，错过很多就业机会。尤其在面试时自信不足，容易发挥失常，不能在用人单位面前充分展示自我，从而坐失良机。尤其在求职遭受打击后，他们会变得更加悲观失望，丧失对就业的热情和希望，甚至妄自菲薄，自我贬损，大大降低就业门槛，盲目悲观低就，最终导致就业后后悔不迭。

2. 自负心理

案例3-2　小宇是一名来自临床医学专业英文班的毕业生，当年入学成绩很高，入学后学习成绩很好，多次获奖学金，英语六级很早就过了。在学校担任过学生会主要干部，也组织过各种社团活动，同学反映能力很强，但有些自恃清高。该生本来参加了硕士研究生考试，后来知道某部队医院和某航校都来学校招优秀应届毕业生，为了圆自己的当兵梦，他决定去应聘。他认为凭自己各方面条件，用人单位肯定会看上自己，哪个单位选择了他都是单位的荣幸。于是他以超常的自信和较高姿态去参加面试，面试时夸夸其谈。当单位让他简单做个自我介绍时，他却占用很长时间把自己取得的成绩等列举出来，得意之色溢于言表。面试后他自我感觉不错，但面试结果是两个单位都不约而同放弃了硬件优秀，但表现过于自傲的他，而选择了相对低调踏实的其他同学。

案例分析　与自卑心理相反，自负心理就是盲目自大，过高地估计个人的能力，失去自知之明。拥有自负心理的人往往自视过高，认为自己非常了不起，别人都不行，时常固执己见，唯我独尊，总是将自己的观点强加于人，同时过度防卫，有明显的嫉妒心。自负心理问题主要集中在以下大学生群体中：

(1) 在学校中曾担任过较高职务，获得过嘉奖的学生干部群体。此类学生干部群体在工作过程中表现出了一定的组织能力，但容易将在学校中表现出来的社会工作能力与求职能力划等号，并对自己的岗位需求制定了脱离实际的目标。

(2) 学业成绩突出的优秀学生群体。这类型的学生群体在求学过程中，学业成绩突出，科研能力也比普通同学强，但容易将学习与科研能力等同与求职能力，而忽视了学校环境与社会环境的不同，容易产生自负的心理。

(3) 家庭条件优越的学生群体。此类型学生往往出生在城市家庭，生活条件相对较好，父母的职业、薪酬也比较理想，在长辈较高期许和自身较高眼光综合作用下，错误地将生活环境与求职环境等同起来，进而对自身能力产生了过高的期待，产生了自负的心理。

具有自负心理的大学生因为对自己的评价过高，就业期望值就很高，导致不能清醒地分析当前的就业形势和正确评价自身的能力素质，往往盲目追求好单位、高待遇，不愿去基层工作，不愿承担艰苦的工作，不愿意接受对初入职者给予的较低薪酬。这种不切实际、好高骛远、缺乏自知之明的学生往往“眼高手低”，难以达到好的用人单位的青睐，也很难找到自己满意的工作，最终会因预期就业目标未能实现而忧心忡忡，产生悲观失望情绪。

（二）对外围环境认知不准确

对外围环境认知不准确主要是指对就业政策、就业形势、就业环境、就业单位等客观环境认识和了解得不准确，只凭主观臆断。学有所成，在服务社会中实现自己的人生理想，应该是每一位即将走出大学校园的学子的美好心愿，但由于对当前就业形势做出错误的判断，对单位的要求和期望值过高，很多毕业生在就业过程中找不到称心职业。例如，随着高科技的发展和经济全球化的浪潮，有部分大学生只对高科技公司、跨国公司或高层政府职能部门工作感兴趣，而对于医学生来讲，部分学生也只对大城市大医院好科室感兴趣，不肯干那些他们认为是基层的、苦差事的活儿，一些人宁愿没有工作也不愿意委曲求全。殊不知，他们往往是对他们眼中"好单位"缺乏深入了解，对专业的社会需求分析不透彻，对就业环境估计不足就盲目地追求这些单位，最终结果会导致他们或一次次在心仪单位的招聘中落选，或对就业信息迟迟不作选择，造成信息利用率低，或择业多变，随意违约。

总之，当代大学生能够准确地进行认知在求职择业中具有十分重要的现实意义。认识自己，其要义是分析自己最适合于做什么，弄清自己所追寻的目标是什么。具体说，就是看到自己喜欢做什么，不喜欢做什么，能做什么，不能做什么。同时，大学生对社会的就业环境，对各种性质的单位要有一定程度的了解，只有这样在正确认识自我的同时，才能作出自己应有的选择，尽可能走向适合于自己又符合社会需求的职业岗位。

二、情绪心理问题

大学生就业情绪心理是指大学生就业之前产生的一些情绪问题或是在就业过程中的情绪波动。情绪是大学生心理健康的晴雨表。大学生就业时情绪出现浮躁和波动，是心理成长期中不可避免的现象。但是，倘若情绪长期波动并郁闷在心中，不仅会影响到大学生的顺利就业，还会影响大学生身心的健康发展。大学毕业生的就业情绪心理问题主要表现在焦虑、急躁、固执、抑郁、患得患失等几个方面。

（一）焦虑

案例3-3 小松，男，一所二本医学院校临床医学专业学生。毕业前3个月的一天，在省会城市组织的一场医药专业专场招聘会上投了十几份个人简历。一个星期后接到了一家大型企业医院的面试通知，当时他心里还挺兴奋的，面试也准备很充分。面试结束出来后，他自认表现尚可，可无意中听到在外等候的面试者聊天中说医院这几年录用的全是重点院校的学生，尤其是研究生云云，他的心情一下子变很糟糕。在等待录用通知的日子里，他的手机总是随身携带，天天开着，连晚上也从不关机。可是两个星期过去了，没人告诉他是否被录用，也没有其他医院通知他去面试。马上就要毕业了，工作还是没有着落。他每天总在想：为什么找不着好工作？是不是因为我的学校不起眼，不是重点名牌大学？是不是因为我只有本科学历？我该怎么办？为此他心情很糟，关注就业信息等也没有以前专心，干事情也老是走神，食欲也下降了，总是担心找不着好工作，老是感觉对不起父母，情绪十分烦躁、焦虑。

案例分析　焦虑心理是一种复杂的、综合的负性情绪，是由于个人应对环境无把握，并且感受到某种威胁时产生的一种情绪反应。毕业前，绝大多数大学生心理问题表现为过度焦虑。就业是大学生走向社会的第一步，是他们人生中的一次重大转折。虽然说外面精彩的世界让一直生活在校园中的大学生有对踏入社会的渴望，但纷繁复杂的社会现实，使他们产生了一定的焦虑和恐惧感。近年来日益严峻的就业形势和金融危机的冲击，使还未踏出校门的大学生们面临着"毕业即失业"的困惑和焦虑。尤其医学专业，相当多的就业单位将门槛直接定位为硕士学位，甚至博士，这使得本科毕业的医学毕业生面对残酷的就业竞争时表现为不安、烦躁、着急、恐惧、焦虑，他们对自己的能力产生了怀疑，对自己的未来充满担忧。一方面，应届毕业生在经历用人单位的层层录用程序，如笔试、口试、面试、心理测试时感到心惊胆战；另一方面，择业的失败体验加剧了他们急于求成的心理负担。

应当说，轻度的焦虑是常见现象，适度的焦虑可以使人产生压力感，催人奋进，促人成长，但是过度的焦躁、沮丧和不安不能在一定时间内化解，就有可能成为心理障碍疾病，表现出情绪紧张、心情紊乱、意志消沉、萎靡不振、极度涣散、身心疲倦、头昏目眩、心悸、失眠等症状，食之无味，卧不安席，惶惶不可终日。此时，焦虑不但干扰了正常的学习、生活和娱乐，还使他们背上沉重的精神枷锁，成为择业的绊脚石。

（二）急躁

案例 3-4　小海，男，某医学院校药学专业学生，毕业前参加了一个大型医药企业的面试，因为非常非常心仪这家单位，又自觉面试表现尚可，因此希望被录取的心情十分迫切。面试后他内心十分着急，想尽快知道面试结果，为此他坐卧不安，一天后实在等不及的他就拨通了招聘人员的电话，当时答复他："因领导出差在外，还未最终研究敲定人选，要等几天才能答复。"于是在接下来的日子里，他象热锅上的蚂蚁坐不住了，每天都要打七、八个电话追问领导回来否，研究情况如何，弄得招聘人员很不耐烦。后来终于等来了通知，却是不予录取。他对此感到很失望，在追问原因时对方回答道："本来你的专业很对口，面试也还行，但你之后反复打电话的急躁行为暴露了你心理素质方面存在问题，我们反复考虑觉得还是不予录用。"对此小海很不认可，认为肯定是有暗箱操作问题，气急败坏地在电话里与招聘人员吵了起来。

案例分析　急躁常指碰到不称心的事情易于激动，性急，不冷静，没耐心。大学生就业中常常出现忧心忡忡、烦躁、心理紧张、无所适从等现象，在职业未最终确定之前，普遍存在急躁心理。有的恨时间过得太慢、简直是度日如年；有的又恨时间过得太快，毕业期限将至，单位仍无着落；他们埋怨用人单位优柔寡断，抱怨父母亲朋办事不力，希望能一帆风顺很快落实就业单位、急于求成，一旦遇到挫折后便暴跳如雷，怨声载道。急躁心理还反映在选择单位上，在对用人单位了解较少情况下，就匆匆签约，一旦发现未能如愿，又后悔莫及。尤其在规定的期限内未落实就业的一些学生，这种心理就表现更加明显。"心急喝不得热粥、心急钓不到大鱼"，急躁是一种不佳心境，急躁使人缺乏自我控制能力，心理紧张，烦躁不安，无所适从，严重影响学生主观能动性的发挥，埋没其潜能和才华，为就业带来不必要的困难，甚至会导致事倍功半、事与愿违的结果。

（三）固执

案例 3-5 小国是临床医学专业的往届毕业生，大学在读期间学习成绩总体不错，但因为来自农村，英语基础很差，加上学习方法不对，英语成绩始终不佳，几乎每次的英语成绩都很低，英语四级也一直没过，毕业前半年参加的硕士研究生入学考试也名落孙山。毕业前老家县里一家医院的亲属帮他联系了到该院外科工作，工作待遇在当地还不错，家里人都劝他回来工作，可他认为自己必须考上研究生再找工作，那样发展空间更大，可以不必回到县里。家人劝他可以一边工作一边准备考研，万一考研失败了还有工作在。可他不甘心，硬是回绝了老家的工作，说一心考研，考不上研究生不找工作。第一年、第二年、第三年，虽然外语成绩有所提高，但每次都难以达到分数线，家里人屡次劝他工作，可他就是听不进去，不甘心，就这样，他把自己吊在半空中，成了啃老族…

案例分析 固执是坚持成见、不懂变通的心理现象。固执的产生是当人们在认知过程中无法将客观与主观、现实与假设很好地区分开来时，将自己已有的经验驾驭现实之上，并过分固化，由此产生的执迷不悟。大学毕业生在就业中体现出来的固执心理也很多见。有些毕业生在求职过程中过分注重专业对口，只要是与自己专业关系不密切的职业就不考虑，这样做只能是人为地增加了自己的就业难度。有些毕业生非大城市不留，非外企、国企不去，非考上公务员不可，不考上研究生绝不工作……因为固执己见错失工作良机的情况时有发生。另外还有很多毕业生仅仅把工作当作一种谋生的手段，对职业意义认识不当，没有充分认识到职业对个人发展、社会进步的重要意义，因此在未充分了解和考虑成熟的情况下固执己见，匆匆签约，进入单位后，发现单位与原来介绍的或自己理想中的差距较大，就再次固执地选择违约，不计后果。

（四）抑郁

案例 3-6 小伟是临床医学专业的本科毕业生，毕业前也投入到找工作的芸芸众生中。刚开始他还信心满满，十分积极努力，也认真地去寻找去做准备，但投了一些简历也参加了几个面试后，他没有任何收获，对此他觉得很是失落，当初的斗志瞬间消失得无影无终。以前很少经历挫折的他突然觉得周围一片灰暗，在就业压力面前他自己那么渺小，那么无能为力，只能听天由命，任凭发落了。于是他情绪低落，愁眉不展，哀声叹气，不思进取，整天无所事事地呆着，参加招聘会也不积极，也不关心就业信息，更不投递简历，别人给他提供就业机会他也懒得去争取，不愿意参与与就业相关的任何事情，完全失去了求职的信心和努力，最终遗憾离校。

案例分析 抑郁是在长期持续的精神刺激因素作用下产生的一种以情绪低沉、忧郁、沮丧、自责、压抑为主要表现的精神状态。此类型的心理问题易发生在以下类型学生群体中：

（1）自身要求比较严格的学生。此类型的学生，在遇到挫折时往往归咎自身原因，因此在遇到求职失败等情况，往往视为是自身努力不够，认为自己无能，进而埋怨自己。在问题发生后,更深陷阴影中难以自我解脱。

(2) 性格相对内向的学生。这一类型的学生,情感宣泄渠道本身就不通畅。在遇到问题时,往往寻找不到情绪宣泄的出口。而且此类型学生比较敏感,求职过程中遇到的微小挫折和困难,都会导致其更加自我封闭,从而引发抑郁症状。

就业抑郁心理产生于大学生求职过程中,激烈的就业竞争使一些毕业生在就业时受挫连连,碰壁不断,在求职中往往会因为不为用人单位认可、接受,导致情绪低落,愁眉不展,抑郁寡欢,意志消沉,严重影响了正常的学习和生活,影响了正常择业。他们往往会产生一种怨天、怨地、怨父母的悲观失落情绪,缺乏继续作战与战胜困难的勇气,有的甚至会表现为饮食失调,身体消瘦,彻底失去继续参加择业竞争的信心,较长时间陷于择业失败事件的阴影中而难以自拔。

(五) 患得患失

案例3-7 小新是护理专业的毕业生,因为自身素质不错,所以在参加了几次面试后,有三家不错的医院同时看好了她。这对于别人来说是天大的好事,权衡利弊赶紧决定才是上策,可小新就是犹豫不决。因为三家医院各有优势,其中一家的优势是医院级别最高,另一家优势是待遇最高,还有一家是地理位置最理想,选择哪家都有不足之处,放弃哪家都觉得可惜,询问别人意见又是公说公有理,婆说婆有理,毫无借鉴价值。于是她一直在三家医院中犹豫,患得患失,最终因没有尽早主动去联系医院,两家医院因故放弃了她,得知消息后,她才如梦初醒,赶紧联系剩下的一家,好在最后把握住了的机会,如期签约,她也长出了一口气。不过因为优柔寡断险些失去了较好就业机会的经历也让她终生难忘。

案例分析 职业的选择往往也是对机遇的一种把握,错过机遇,你就会与成功擦肩而过。当代大学生在就业的过程中经常吃在碗里,看在锅里,这山望着那山高,任何的患得患失都有可能与成功失之交臂,当然骑驴找马的现象在毕业生就业的过程中也屡见不鲜。一些毕业生不管三七二十一,找到一个单位就草草签字,然后又将自己的目光投向待遇好的单位,最终把自己牵扯进毁约的泥沼,也将自己的诚信丢失,这些都是毕业生走入就业误区的心理问题。这种患得患失的心理,使其在众多的选择中模糊了自己的方向,当断不断,错失就业良机。有些毕业生在上报就业签约协议后,还多次违约、毁约改换单位,既影响了自己的个人就业心态,也影响了学校正常的就业工作和用人单位的正常录用工作。

三、社会心理问题

社会心理学是探讨人们的想法、感觉及行为如何因他人行为或想象行为的存在而受到影响的社会心理研究。大学生就业的社会心理问题是大学生就业过程中与社会或者他人的影响有关而产生的心理问题。

（一）从众心理

案例3-8 小毅是药学专业的学生，学习很刻苦，成绩也不错，但性格稍内向，语言表达能力一般。毕业前与同寝室同学参加招聘会，自己本来想找医院药局或进医药企业搞研发等方面的工作，但发现寝室另几个同学都比较青睐于找一些医药企业的医药营销工作。问起原因，他们说搞医药营销可比在医院和在药厂从基层干起搞研发赚钱快多了，很多做医药营销的学哥学姐都发财了，有的还自己创业开医药公司了呢！所以哥几个都想试试，多赚钱谁不想啊！看到大家都选择医药营销，小毅没了主意，觉得大家都说好那错不了，所以在投简历时也全部选择了医药营销工作。可在接下来的面试中，虽然他专业知识掌握不错，但语言表达和沟通能力难以得到招聘方的认可，一次次以失败告终，见寝室同学陆续找到工作而自己一无所获，他才意识到自己盲目从众多么可笑。

案例分析 从众心理指个体在群体压力下，在认知、判断、信念与行为等方而与群体多数人保持一致的心理。引发就业时的从众心理一方面是由于大学生未充分考虑自身的实际情况，如自己的专业范围、职业兴趣与事业追求、实际能力与综合素质等，在择业过程中盲目地从众。另一方面是随着传媒对社会精英，特别是"数字精英"、"管理精英"大加宣传，对经济价值体现个人价值过分评价时，很容易导致大学生迷失自我，忽视自身的个体特异性与自我创造性，追求社会上推崇的职业，形成个人价值取向的从众心理。因此会导致在就业工作中，虽然每个大学生的就业择业目标都不具有可比性，但是许多大学生总愿意拿自己与身边同学进行比较，用别人的择业标准来定位自己的择业标准，在就业过程中，独立性不强，缺乏个人主见，易受社会思潮和社会观念影响，别人说什么工作好他们就寻求什么样的工作，全然不顾自己的能力和状况，忽视所学专业特点，盲目听从别人意见，不考虑所选单位是否适合自己，过分追求实惠，追求功利，盲目寻求所谓热门职业，盲目从众。

（二）攀比心理

案例3-9 小奇是食品专业的毕业生，在班上学习成绩很优异，一直希望能找到很好的工作。在毕业前的一次招聘会上，通过面谈，一家小城市的中型食品公司的老总十分看好他，想招聘他，并打算以后着力培养他，待遇还可以，他也觉得不错，决定过两天签约。这时他听说同班同学小波找了一家外资食品公司，在大城市，待遇好，发展空间更大。想到包括学习在内，各方面都不如自己的小波找的单位比自己好，他心里很不平衡，觉得自己应该也一定能找到一份比他好的工作。于是他毅然拒绝了食品公司的签约请求，在接下来的日子里，他眼光都放在大城市的外资或大型食品企业上，却屡屡碰壁。结果他高不成低不就，错失了很多机会，自己追悔莫及。

案例分析 攀比心理是指大学生在择业过程中不从自身实际出发，与他人攀比的心理。攀比是一种盲从心理，不能对自己进行正确、客观和公正的分析，看不到自己的长项和短处，盲目攀比，舍其所长，就其所短。表现为毕业生选择就业单位时忽视自身特点，对自我缺乏客观正确的分析，不从自身实际出发，不考虑所选单位是否适合自己，而是盲目攀比，往往拿自己身边同学的择业标准来定位自己的择业标准，总想找到一份十全十美的工作，总想和其他同学一样在大城市中找个好工作，不然就差人一等。由于每个人的生活环境、家庭背景以及个人素质、所碰到的机遇是不尽相同的,因而在择业目标、职业选择上不具有可比性。而大学生血气方刚,喜欢争强好胜、虚荣心较强,容易引发盲目攀比。这种不正确认识自己,不能给自己合理定位而产生的盲目攀比心理使得许多大学生迟迟不愿签约,导致与适合自己的就业岗位失之交臂、碰壁不断。

(三) 嫉妒心理

案例 3-10　小亮和小峰都是医学影像学专业的学生,综合素质都不错,又是极好的朋友,两人毕业前相约要进同一家单位工作。恰巧一个扩建的三甲医院急需两个影像专业人才,两个人就同时报了名。因专业限制,参加应聘的人不多,加之两人在笔试和面试过程中都表现突出,两人同时录用的机会很大。最终小亮成绩排名第一,小峰紧随其后,一同进入最后一轮面试。但这时医院招聘人员说因医院刚引进了一个海外归来的影像专业的博士,所以这次招聘计划临时改为只招一人。这对小峰和小亮来说不是个好消息,不过既然机会难得,他们决定还是参加最后的面试,不管谁录取了都祝福对方。小峰面试过后小亮参加面试,他的表现主考官很满意,但最后问他:“听说你已经与另一家医院签协议了是吧?那为什么还参加我院的面试?”小亮听后丈二摸不着头脑,说:“没有这样的事啊!因为协议书有编号,每人只能拥有一份,也只能签一个单位,对了,协议书我随身包里带着呢。”随即他拿出了空白协议书。面试过后第三天,医院通知小亮被录取了,小亮顺便追问了一下为什么有协议书风波,招聘人员说问小峰吧。在小亮的追问下,小峰说他很想得到这份工作,见小亮排在自己前面,成功的可能性很大,心里产生了莫名的嫉妒,所以对用人单位谎称小亮已签约,没想到搬起石头砸自己的脚,他对自己的龌龊行为很后悔。小亮非常失望,没想到多年的友情在就业考验面前不堪一击。

案例分析　嫉妒就是对他人的成就、特长、优越的地位及条件持羡慕又抱以敌视的情感。这种心理主要是把别人的优势之处视为对自己不利和威胁,因而感到心理不平衡,甚至恐惧和愤怒,于是借助贬低、诽谤甚至报复的手段来摆脱愤怒和困扰,求得心理补偿或达到自身的心理满足。当强烈而持久嫉妒时,往往对本人和对方造成不良或严重的后果。在人们的现实生活中嫉妒心理也是一种常见的不良心理状态。毕业生在择业上的嫉妒心理主要有:看到别人某些方面求职条件好,先是羡慕、转而痛苦、后又不甘心,个别人为了不让他人超出自己,可能采取背后拆台等手段;当别人成功时,说风凉话、讽刺挖苦。嫉妒心理的产生,有时会把朋友当对头,使朋友关系恶化。嫉妒还会使团体组织内人心涣散、人际关系冷漠,并且加重人的内心痛苦和烦恼,以至影响自身的发展和择业的顺利进行。

(四) 急功近利心理

案例 3-11　小宁和小志都是医疗保险专业毕业生,毕业前共同开始了寻找工作之旅。小宁见家乡一家保险公司正在招聘,就报名了,也顺利进入面试环节。可面试时和用人单位一交谈,就开门见山地问“工资有多少”、“有没有业务提成、比例多少”、“有没有交通、住房补贴”等等,弄得招聘人员很反感,反问他说:“你现在只是考虑我们单位目前能给你怎样的待遇,你就不考虑自己的长远发展,自己的专业能否派上用场吗?”招聘失败在所难免。小宁问小志工作找的如何,小志说签了一家保险公司,但现在很后悔。问其原因,小志说自己签的保险公司打出的招聘岗位只有一类——储备干部,“干部”的字眼太诱人,当时就奔着“储备干部”这个岗位去了，也没考虑岗位性质是否符合专业等因素，结果发现上当了，就是一般员工，而且跟自己的专业和需求严重不符，原来这是用人单位用来满足一些大学生求职时的虚荣心而搞的噱头，都怪自己太急功近利、太虚荣了。

案例分析 校园并不是一个封闭的象牙塔，积极的、消极的社会思潮都会渗透进校园。受拜金主义、享乐主义、个人主义思潮的影响，有一些毕业生身上明显表现出急功近利的特点。在职业选择上往往以金钱的多少和物质待遇的好坏作为衡量标准，讲实惠、怕艰苦、轻贡献、重功利。条件好、待遇佳的大城市、大公司、大企业、机关公务员，毕业生趋之若鹜；而条件艰苦、待遇较差的中小城市和基层单位常常受到毕业生的冷落。这些毕业生只注重自身感受和体验，不考虑社会需求和实际，在价值取向和道德选择上呈现出唯我独尊、个人至上的狭隘思想，即便有一些大学生争取到了一些眼前的物质利益，但从个人的人生价值与社会价值的实现上来看，这些做法既是不可取的，也是不明智的。虽然这种急功利性心理是受到社会思潮的影响和现实因素的诱发，有其合理性一面，但这种急功近利心理如果不加以引导，任其发展，就会致大学生就业面越来越窄，严重影响大学生的就业成功率。

（五）依赖心理

案例 3-12 家住本市的小敏是医疗保险专业学生，也是家中独生女，一直以来都是听从父母安排，享受父母宠爱。临近毕业，大家都在忙着考研或找工作，她却无动于衷，“反正有爸妈呢！”她一直这样想。父母确实也在为她的工作四处奔波，后来托付的一个朋友告诉他们本市一家较大的保险公司正在招人，如果面试成绩处于中上等可以优先录用。父母觉得这个机会不错，决定给她报名。从在复印社制作简历到向单位递交报名材料，父母几乎都没让小敏插手，小敏也乐享其成。面试当天父母全都陪着小敏去了，等候期间嘘寒问暖，在独自来面试的其他同学中间十分扎眼，也给招聘人员留下了深刻印象。面试过程中，小敏机械性地背着父母给她准备的面试“台词”，对超出范围的问题因准备不充分，应变能力不足，答得语无伦次，最终以失败告终。父母很失望后悔，小敏也很自责，她意识到完全依赖他人，自己不主动参与到就业竞争中是行不通的。

案例分析 依赖心理是指个体长期受人呵护、支配形成的一种习惯于依赖、安于被支配的心理状态。现在许多大学生基本上都是家里的独苗苗，因为集万千宠爱于一身，从而养成一定的依赖心理。当他们大学毕业时，面对复杂的社会环境和激烈的就业竞争，对就业没有自己的见解和主张，还是希望依靠父母、学校和社会的帮助；不知道如何主动地适应就业市场的要求，不懂得如何去拼搏和争取；就业中缺乏自立性，缺乏主动参与和竞争的意识，在社会或学校提供的就业机会面前，不会主动地向用人单位展示自己，赢得用人单位的青睐，获得就业机会。于是在近几年许多毕业生的人才招聘会上，经常会看到不少学生家长带着毕业生去应聘，甚至是代替学生应聘，可笑至极。持这种心理的大学生往往是在就业中缺乏独立意识和自主承担责任的意识，没有个人独立的决策能力，没有进取精神，只是依赖父母或老师、学校，甚至只等职业送上门而不去积极争取。这些毕业生一旦独立面对社会，面对复杂的社会关系，常常会产生逃避心理和抵触情绪。

（六）冷漠心理

案例 3-13 小伟是临床医学专业的本科毕业生，本来想着寒窗苦读若干年后毕业时能找个好单位，用自己赚的钱好好回报父母。可严峻的就业形势让他看到很多好的用人单位都提高了用人门槛，本科生很难找到心仪的好工作，他的心情低落到极点。他突然觉得自己没希望了，顺利找到好工作对他而言简直是天方夜谭，而像其他同学那样忙碌寻找工作简直就是做无用功。于是他彻底放弃了寻找就业机会，也不关注就业信息，整天在宿舍里要么睡懒觉，要么玩电脑，好像找工作与自己无半点关系。即使别人给他提供就业信息，他也无动于衷，认为再怎么准备也没用，听天由命，毕业以后再说吧，最终遗憾离校。

案例分析 冷漠心理问题是指大学生对自身所面临的就业、择业任务失去兴趣，在就业问题上不思进取、情绪低落、情感淡漠、意志麻木。冷漠心理问题经常出现在遭遇就业挫折的大学生个体中，是一种消极的心理反应。冷漠心理问题是一种在遭受挫折之后的心理应激反应。这部分学生对于就业问题还是充满担忧的，但是由于对社会环境有着错误的认识，觉得自己的就业能力再强也无法找寻好合适的工作，因此采取了放任自流的态度。

冷漠心理问题往往伴随着依赖心态。包括依赖学校与家长去寻找工作，认为这个是社会和家庭的责任，而忽视了自己的努力。一方面对社会有着片面的偏见，认为没有关系就找不到好工作；另一方面又对社会有着不切实际的幻想，觉得周围的人有“义务”为自己寻找出路。更有甚者认为就算找不到工作，也可以在衣食住行上依赖家长，由于父母还能负责其基本的生活就干脆继续躲在父母的羽翼下。有的在家里闲适惯了，找工作的念头也就越来越淡薄，产生了严重的“啃老”心理。冷漠心理问题的发生与发展，往往伴随着求职挫折的增多而增多，由于此类学生个体求职欲望不强烈，求职动力明显不足，导致就业难度日趋增大，容易陷入恶性循环。而不少老师家长，也往往将此类型的问题归结为学生就业能力不足的问题，而忽视了深层次的心理问题因素，也易使此类心理问题日趋严重。

【求职应该具备三种职业心态】 大学毕业生人数逐年增加，就业竞争会更加激烈。如果把简历等表面的包装比喻为招式的话，那么职业心态的修炼就是内功。我们知道，常常就是内力深厚之人才能笑到最后。因此，下面三种职业心态尤为重要。

1. 归零的职业心态

不了解完成一项工作的具体技能，不能正确评价自己在职场中的位置，这种现象在大学生中并不是个别的。大学的理论教育和工作能力是不同的概念，大学的文化程度仅仅代表你在理论知识层面达到了一定的水平，而工作的实际能力方面，就仿佛是刚入学的一年级学生，是需要学习培训的。

世界著名的管理大师松下幸之助在管理中遇到困难时，找到了高僧。高僧一直给他倒水，水满了流到了桌上，高僧还在倒，他领悟到装满水的杯子就像自满人的心，是无法在事业中成长的。

所以学会用空杯的心态，用谦逊的心，让自己归零，谢谢工作单位给你的成长的机会。也只有拥有这样的职业心态，你才会更好给自己定位，更好地就业，开始职业之路。

2. 积极的职业心态 在招聘会现场，总能看到不同的面容，有一种面容会让人特别关注。他们在一次次求职中遇到挫折，但没有学会用积极的心态来调整自己，于是带着忧伤、愤怒、不自信等这些负面情绪来到了招聘会。这样一种状态,他们如何在竞争中获胜? 谁会乐意和一个满脸不高兴的人共事呢? 积极的心态像太阳,照到哪里哪里亮;消极的心态像月亮,只会吸收别人的光亮。事物都存在阴阳两面,积极的心态会增加你的力量,消极的心态会摧毁你的力量;积极的心态带你到天堂,消极的心态引你去地狱。

3. 团队的职业心态 有一个天堂、地狱的故事。上帝领着一个人到地狱,这个人发现地狱里的人都瘦骨嶙峋,他们都用一个特质的勺子喝粥。勺子的把特别长,勺子的头很小,舀出的粥都洒在了地上,几乎都喝不到嘴里,最后桶里没粥了,但谁也没吃饱。大家就互相埋怨,互相憎恨。上帝又把这个人领到了天堂,他发现天堂里的人一个个都长得红光满面,笑逐颜开。他们用的是同样的勺子,吃的是同样的粥,但是他们是把粥舀出来喂别人。你喂我,我喂你,结果大家都吃到了粥。

给予,感恩、欣赏、宽容、服务是团队职业心态的核心,学会个人心态让位于团队心态,机会的大门会为你敞开,事业发展的路径才会越走越宽。

第三节　大学生就业心理问题的主体因素分析及自我调适

当代大学生就业心理问题的形成与存在并非偶然的,而是有着各种各样复杂的因素,包括前面章节提到的就业形势等社会因素,包括家庭、学校教育等因素,但就大学生自身而言,更重要的是其主体因素。只有分析好这些主体因素,才能发挥大学生的主观能动性,有的放矢地针对就业心理问题进行自我调适。

一、大学生就业心理问题的主体因素分析

(一) 心理承受能力差

从心理学的角度来看,心理承受能力就是指面对压力的适应能力。1920 年,生理学家坎农(W. Cannon)就开始使用人体生理变化作为指标,来探讨人类应对压力所付出的生理学代价。到了 1956 年,内分泌学和生物化学家塞利(H. Selye)则进一步指出,人类适应压力的过程分为三个阶段:

1. 过度敏感的警觉阶段 一般是指个体发现压力源并引起警觉,同时准备与压力对抗。心理承受能力差的大学生,在面对就业压力时,高度敏感。一些普通压力源在他们眼中也会构成相当大的就业压力。由于极易虚惊,因而耗损了大量生理和心理资源。

2. 容易退缩的搏斗阶段 一般是指全力投入对压力源的应对,或者消除压力、适应压力或在压力面前退缩。而心理承受能力差的大学生,在面对就业压力时,往往无法调动全力去对抗压力源。相反,往往给自己寻找各种理由,极力逃避此类事件。

3. 周期较长的衰竭阶段 一般认为是在外在压力源消失或个体的适应性已经形成后的状态,在这一状态中由于消耗了大量的生理与心理资源,个体已经处于一种筋疲力竭的状态。而心理承受能力差的大学生,其衰竭阶段周期较长。一方面是外在压力源消失的过程与自身适应压力的过程相当缓慢;另一方面是恢复心理和生理资源的速度也相当缓慢。一般认为,这种状况下的个体是一个"能量资源已经耗尽但仍然处在压力下的人,必然发生危险。"因此,部分大学生出现就业心理问题也就在所难免。

大学生毕业时一般是在22周岁左右,处在这个时期的大学生心理发展还不成熟、不稳定,生理与心理发展具有明显的不同步,再加上他们的知识结构不完善,每个人的生活体验又非常肤浅,因而在求职择业中就表现出心理活动的复杂性和矛盾性,成为他们就业的障碍。一是职业期望与现实条件的矛盾。大学生的就业期望居高不下,但是现实的就业市场常常不能提供大学生所要求的工作,因此大学生就业过程中常常会感到现实的残酷。二是不同择业机会选择的矛盾。就业市场化的条件下,许多同学会遇到各种不同的单位,面对这些单位大学生们也会遇到选择的焦虑与矛盾,因为遇到的用人单位有先有后,有的单位可以立即签约,有的还要求去试用,有的很诚恳、急切,有的态度不冷不热。三是学习和找工作的矛盾。大学毕业生在找工作中会花费大量的时间,有的单位还会要求试用,因此学习与求职之间常常也存在矛盾。四是公平竞争与利用社会关系的矛盾。许多大学生都希望有一个公平的就业竞争环境,但是在求职中使用拉关系、走后门、请客、送礼等不公平的手段在大学毕业生中已司空见惯。不公平竞争的问题成为大学生求职的重要心理矛盾,特别是那些来自农村的自身条件较好的同学对此更是怨声载道。面对复杂的社会环境和就业过程中的不如意,他们中的很多人没有良好的心理素质,心理承受能力差,不能及时地调整自己,所以出现心理问题。

(二)自我认知和定位偏差

大学生毕业生的年龄正处于青春期到青年期的阶段。美国心理学家帕瑞认为,进入青年期后,个体思维中逻辑的绝对成分逐渐减少,辩证的成分逐渐增多,但是在青年期初期却依旧是处于"二元论阶段"。所谓"二元论阶段",也就是青年初期的个体对问题的看法非此即彼,要么对,要么错,没有"灰色区",易将知识视为固定不变的真理。大多数大学生,都可以顺利地通过"二元论阶段",进入相对性阶段。在这一阶段的个体对于知识与事物的判断不再拘泥与局限,而是开始学会通过观察与比较不同理论、方法进而找到有效的理论和方法。部分大学生,在这一阶段出现认知和定位上的偏差,其本质上是对于一些知识墨守成规,从而误判了自身的能力与水平。一般认为,自我认知对个人的社会化过程产生重大影响。而在个人的社会知觉形成的过程,也是自身社会身份的定位过程。部分大学生在自我认知方面存在偏差,必然会反映到社会定位的过程中。自我认知和定位偏差的根源在以下三个方面:

1. 大学生认知经验的匾乏导致的偏差　因为大学生在进入求职状况之前,没有相关的就业和求职经验,因此对于自身能力与求职工作需求之间出现"误判"。主要表现为,认为自身能力完全可以胜任某项工作,其实却无法完成该项工作,或者认为自己完全可以获得更高的报酬,却忽视了高报酬往往与工作经验相挂钩。

2. 大学生兴趣与能力的错位导致的偏差　部分大学生,往往错误地将个人的兴趣爱好等同于能力。认为自己热爱从事某项工作,就可以获得相关的工作机会,忽略了在兴趣爱好之外,一个人能否胜任某项工作还由其他多种因素所决定。这种将就业过程简单化的倾向,本质上也是自我认知与定位偏差的具体体现。

3. 大学生情绪管理水平较低导致的偏差情绪　管理水平与心理承受能力之间存在相同点和不同点。他们都是个体在面对机会与压力时的心理反应能力。但是情绪管理水平,更多强调了在自我认知与定位过程中出现的过分积极的一面。部分大学生在自我定位过程中,容易接受正面信息,从而将就业形势想象的过于简单容易。这种倾向往往也将导致在就业过程中的挫败,并且引发一系列的效应,甚至成为心理承受能力降低的诱因。这也是自我认知与定位能力偏差的表现。

(三) 认知与需求错位

就业认知模式是建立在个体的社会知觉基础上,而社会知觉的基础是认知事物本身属性。但在认知过程中,因为人的主观因素存在,所以认知者的主观因素也会对社会知觉的过程与结果产生重要的影响。而在就业心理问题形成过程中,就业认知模式与市场需求的错位,本质上不仅是大学生对现有市场需求情况的错误理解与判断,同时也是大学生在旧有的就业认知模式无法适应现代的需求,或者根本就尚未形成一定的就业认知模式。

心理学家皮亚杰认为影响人类认知模式的是个体的认知"图式"。"图式"就是人脑中已经有的知识经验的网络。在进行社会知觉过程中,人类总会接触到一些新鲜的事物和概念。而人类的认知过程本质上是经验主义的,过去的经验就形成"图式"来影响我们对新事物的判断,来影响我们做出相应的反应与措施。如果没有寻找到合适的"图式",则人类一般会制造出一种新的"图式",来指导我们的判断、推理与下一步的行动。大学生在求职过程中,由于缺乏求职的经验,同时也缺乏必要的求职训练,因此头脑中往往没有相对应的"图式"来判断和解决问题。在此类情况下,部分学生会倾向使用以往的经验形成的"图式"来解决问题。在大学生求学过程中,依赖教师传授相关知识和依赖家长解决各类苦难的"图式"往往是其解决问题的主要方法,而这一"图式"在就业过程中的错误运用,就往往会成为其依赖心理的根源。在这种情况下,对市场需求的关注与判断退到了次要的位置。比如在就业地域上盲目追求大城市就业,而不愿意前往中小城市或乡镇就业;在就业岗位上极力追求热门单位与热门职业。这样"扎堆竞岗"的现象,势必造成更大的就业压力,也容易导致更多的就业心理问题。认知与需求错位具体表现为:

(1) 将市场需求等同于家庭期待。部分大学生高度依赖家庭选择,包括其选择高校、学习专业以及生活路径均由家庭负责安排,因此将对市场需求的理解转化为对家庭期待的理解。如果家庭期待与市场供需关系相吻合,则问题尚不严重,一旦家庭期待与市场需求并不吻合,由于"图式"的影响,这部分大学生对注意对象的选择,往往为了迁就家庭期待而发生错位。

(2) 将市场需求等同于自我要求。其主要表现类似于大学生兴趣与能力的错位导致的偏差。但是其中导致错位的不仅是兴趣爱好与市场需求的落差,也在于对薪酬待遇、职位高低的认知偏差。这部分大学生,往往选择以自我为中心,来解决市场化的就业需求,无疑会遇到诸多困难,甚至面对四面碰壁的窘境。

(3) 容易接受有利于自身的信息就业认知模式与市场需求的错位,也体现在认知过程中,易于接受那些对自身有利的信息。譬如在工作岗位选择过程中,容易关注其岗位与自身契合的条件,而忽略那些与自身岗位不契合的条件。这种选择性的知觉,其有害性是显而易见的。在这种带入个人偏见的社会知觉过程中,真正重要的信息往往被忽视与排除,从而直接导致求职的失败。

(四) 应对策略失当

大学生求职的过程,不仅仅是对市场需求的认知与判断的过程,也是个人求职能力的展现过程。求职能力是个人能力的一部分,但是个人能力突出的人并不一定求职能力突出,而良好的求职能力往往能成为个人能力的增倍器,起到包装与提升个人能力和价值的作用。由于当前高校教育设置中,求职能力教育的比重相对较低,加之传统文化中“敏于行讷于言”的传统影响,导致当代大学生群体中存在不少学业成绩优异但是求职能力低下的个体。这部分大学生的主要问题表现在以下四个方面:

1. 成就动机模糊 成就动机,是指个体在追求自身认为切实重要和有价值的工作,并力争使之达到完美状态的动机。一个人类个体,如其成就动机较强,则个体在完成相关任务的过程中,就会表现出敢于冒险与勇于进取的状态,也较易达成其目标。而相对薄弱或模糊的成就动机,就会影响一个人达成既定目标的决心和动力。部分大学生在求职过程中,一方面认为寻找职业很重要,另一方面又对自身的工作需求,职业规划甚至求职方面含糊不清。这种模糊化的求职动机,自然无法形成强而有力的成就动机。究其原因,这部分大学生往往未意识:求职不仅是生存的需求,也是体现个人价值的平台与机会。如果无法将求职过程与自我价值的实现过程相统一,自然无法形成良好的成就动机,进而影响求职进程,滋生就业心理问题。

2. 缺乏社会工作经验 大学毕业生由于涉世不深,缺乏社会经验,对社会的认识不足,不能全面了解社会,因而在观察问题、分析问题、处理问题时,只是凭书本上讲的条条框框去生搬硬套,缺少理性的眼光。有的同学因为学到了一些专业技能,便以为具备了从事有关工作的能力,夸夸其谈,纸上谈兵,其实没有一点工作经验,更无法十分适合有关工作;也有的学生由于没有社会工作经验,择业时期望值较低,有时过分依赖家长、老师,缺乏主动进取和善抓机遇的心理准备。大学毕业生由于缺少社会工作经验,所以在择业时往往带有很大的盲目性,从而导致了就业心理问题的产生。

3. 人际交往障碍 大学生在求职过程中的人际交往障碍与普通的人际交往障碍最大的不同,就是其发生的地点与所针对的人群比较固定。一般认为,在求职过程中发生的人际交往障碍,与其渴望获得职位的迫切性成正比。出现这部分问题的学生,性格相对内向,无求职经验,而且以往人际交际对象相对固定。在求职过程中,因为要面对完全陌生的环境与个体,容易出现紧张、焦虑、抑郁等症状,进而出现口吃、沉默、词不达意等现象。而一旦离开求职场所,不用面对招聘人员,这部分人际交往障碍则消失不见。归根到底,这种间歇性的人际交往障碍,是其求职能力欠缺所导致的。

4. 面试技巧欠缺 在求职过程中,面试既是一项考察应聘者能力的重要环节,同时也具有其特殊的标准与要求。相当一部分大学生在校期间并没有接受过专门的面试技巧培训,这让他们在求职过程中处于不利状态。部分学生在面试过程中不仅对面试技巧一无所知,而且由于没有相关的经验,容易将生活中的一些用语和习惯带入其中,因此给面试考官极差的印象。而这一问题的普遍性,从一定程度上也说明了大学生面试技巧的缺乏并不是一个独立的现象,也是职业指导工作需重点解决的问题。

二、大学生就业心理问题的自我调适

(一) 自我调适的方向及内容

就业是人生的重大课题,而就业本身也是大学生了解、认识和适应社会的一个过程,在整个求职过程中遇到各种困难、挫折有时是在所难免的,在就业过程中产生的诸多心理冲突、困惑及一些不良情绪也是正常的。当遇到就业问题时，要学会调节自己的心态，使自己能从容、冷静地面对就业这一人生重大课题，并做出正确、理智的选择。如果你遇到了就业心理困扰，可以试着从以下几个方面来调节。

1. 接受客观现实，转变就业观念 就业市场化、双向选择、自主择业给大学生带来了机遇与实惠，但“市场”的残酷在我们面前也显露无疑，这是不可回避的客观实际。经过对就业市场、就业形势的客观了解与深刻体验后，我们必须明白就业的现实情况就是如此，不可能在短期改变，与其成天怨天尤人，浪费时间，搞坏心情，还不如勇敢地承认和接受当前所面临的现实，彻底打破以往的美好想象，积极主动转变就业观念。

转变就业观念就要调整就业期望值。在就业市场上用人单位找不到人、大量的毕业生无处去的“错位”现象普遍存在，这是因为大学生的就业期望普遍较高的缘故。例如临床医学专业，大城市大医院几乎饱和，需求人才的学历层次越来越高，硕士研究生几乎成了入门的最低门槛，导致大批本科生望门兴叹；乡镇基层医院缺医少药，有迫切用人需求，而每次招聘本科生又少有人问津；一些民办医院因为工作不稳定、待遇不理想等诸多原因学生也不愿意去。就是这种“高不成低不就”的“错位”，使得很多学生失去了就业的机会，进而也增加了就业心理问题发生的可能性。因此，转变就业观念就必须根据自己的实际情况和就业形势，调整自己的就业期望值，要树立长远的职业发展观念，放弃过去那种择业就是“一次到位”，必须绝对安稳的观念。在当前获得一个理想职业的时机还不成熟时，应采取“先就业，后择业，再创业”的办法。也就是说，在择业时不要期望太高，可以先选择一个职业，不断提高自己的社会生存能力、增加工作经验，然后再凭借自己的努力，通过正当的职业流动，来逐步实现自我价值。

转变就业观念还需要转变职业价值观。职业不仅是为了满足生存与安全的低层次需要，还要满足爱与归属、尊重和自我实现这些更高层次的需要。因此大学生在就业时要在考察社会需要的基础上，树立重自我职业发展、才能发挥、事业成功的职业价值观，选择用人单位时不能只单纯考虑工作的经济收入、工作条件、地点等因素。对于那些虽然现在工作条件不怎么样，但发展空间大，能让自己充分发挥作用的单位要优先考虑；对于那些现在经济发展水平不太高，但发展潜力大，创业机会多的工作地点也要重视。例如随着西部大开发的进行，西部地区将成为经济发展的热点，也将给大学生们提供更多的发展机会，因此抢先到这样的地区去工作可能会更有利于自己的职业发展，取得事业的成功。总之，盲目到一些表面上看来不错，但不适合自己，自己才能不能得到有效发挥的单位去工作，是不会让自己的满意的。与其将来后悔，不如现在就改变自己，建立适应我国当前市场经济发展、人才需求规律的合理的职业价值观，以指导自己正确择业。

2. 认知职业自我，捕捉就业机遇 大学生就业中许多心理问题的产生都与不能正确认知职业自我有关，因此正确地认识职业自我，进而接纳自我是调适就业心理的重要途径。职业兴趣、性格、能力、价值观等因素的自我认知，能帮助大学生知道自己喜欢什么样的职业、需要什么样的职业、自己的择业标准以及依自己目前的能力能干什么样的工作，这样才能知道什么样的工作更适合自己。只有对职业自我认知清楚了，才会避免因自己能力水平不够而出现的失望、悲观、不满情绪等，才能学会扬长避短，用发展的观点来看待自己，学会抓住属于自己的机遇。需要注意的是机遇并不是对任何人都适用的。一个工作的好与不好，是相对的，对别人合适的，对自己不一定合适，因此一定不能盲从，要时时记住，只有合适自己的才是最好的。要注意机遇的时效性，在发现就业机会时要主动出击，不能犹豫，也不要害怕失败，应有敢试敢闯的精神。

3. 坦然面对挫折，提高心理承受力　面对市场竞争、就业压力，大学生的求职总会遇到许多困难、挫折甚至是委屈，如一些专业“热门”，有些则“冷门”；又如女大学生找工作容易受到歧视等。面对这些问题仅抱怨是没有用的，更重要的是调整自我心态，提高自己对各种突发事件的心理承受能力。其实，就业的过程也是大学生重新认识自我、认识社会，并主动调整自我适应社会的过程。如果能通过求职而增强自我心理调节与承受能力，对大学生今后的职业生活都是非常有用的。

在求职中遇到挫折时，要用冷静和坦然的态度待之，客观地分析自己失败的原因，进行正确的归因。首先，在就业市场化、需求形势不佳、就业竞争激烈的条件下，出现求职失败是在所难免的，不能期望自己每次求职都能成功。要对可能出现的求职挫折有充分的心理准备。同时，应把就业看作一个很好的认识社会、认识职业生活、适应社会的机会，应通过求职活动来发展自己，促进自我成熟，“不以成败论英雄”。其次，自己求职失败并不一定就是因为自己的能力不行。出现求职失败有许多原因，可能是因为你选择求职单位的方向不对，也可能是因为你的价值观与单位的企业文化不符合，还有可能是其他一些偶然因素。总之，要正确分析自己失败的原因，调整自己的求职策略，学会安慰自己，以便在下次的求职中获得成功。

4. 调整就业心态，促进人格完善　在求职时，自己或身边的同学出现一些不健康的心态是正常的，没有必要过度担心、害怕自己有心理障碍。通过对自己在就业时出现的种种不良心态的分析，可以发现自己平时不容易察觉的一些人格缺陷。应该说这些人格缺陷是产生这种就业心理问题的根本原因，如果现在没有很好地完善自己的人格，那么这些问题还会在今后的工作、生活中继续带来困扰。因此，有关问题其实是暴露得越早越好，同时也不必为自己所存在的人格缺陷而懊恼，因为很少有人是绝对的人格健全的，关键是要在发现自己问题的基础上，积极改变自己、发展自己，使自己的人格更加成熟，使自己将来的人生道路更顺利。

5. 开拓进取，勇于创业　大学生是有理想、有抱负、有创新精神、敢做敢为的青年先锋，毕业后主动走向自我创业也是一个重要的就业选择。如果大学生有自主创业的打算，既可以在毕业后马上实现，也可以通过一定的社会积累后再实行。如今国家出台了鼓励大学生自主创业的相关文件，为大学生自主创业提供了很好的资金和政策支持，这无疑为大学毕业生自主创业带来了福音。大学生们一定要有开拓自己事业的信心与勇气。当然，大学毕业生自主创业存在着一定的风险和挑战，有些大学生创业遇到了一定困难，但也有很多相当成功的案例。大学生自主创业肯定是值得鼓励的，关键是要有准确的观念与思路，要对自己有一个合理的规划与定位，要与有市场经验的人合作，要摆脱学生公司的意识，要进行科学化、职业化的管理。

（二）自我心理调适的技巧

就业心理问题的存在往往会影响到大学毕业生正常的学习、生活和就业行为等，因此，掌握一定的主体心理调适技巧，对就业心理问题进行适当的调适，以保持良好的就业心态就显得十分必要。常见的自我心理调适的技巧很多，这里重点介绍几种。

1. 主动宣泄法　随着就业形势的日趋严峻，大学毕业生寻找工作的心理负担也越来越重，这必然导致一部分大学生会产生或大或小的心理压力。面对这些压力，如果找不到合理的解压方式,就会出现各式各样的心理问题。主动宣泄法就是把自己心中的积郁与痛苦倾诉出来,或以击打、踢踹等运动形式来疏泄愤怒、抑郁或不良情绪。学会自我宣泄、自我释放、自我调节,学会辩证地看待问题,及时让郁积在心里的不快得到排遣,这是保证心理健康的有效方法。

宣泄法中最佳方法是倾诉。可以找一个值得信赖的人(父母、老师、朋友等)将心中的想法、内心的苦闷、愤怒甚至是难以启齿的秘密统统讲出来,一吐为快,在与亲友的沟通中缓解就业精神压力。与此同时,来自家人、朋友的理解、关怀会成为一种情感上的支持,使大学毕业生看到生活的积极面,从而以积极的态度面对就业压力。

宣泄也可以是大喊、大哭一场。在你因就业压力而感觉特别痛苦悲伤时,不妨痛痛快快地大喊出来或大哭一场。哭喊能有效地释放积聚的紧张,能调节心理平衡。痛哭是消极情绪积累到一定程度的大爆发,好比盛夏的暴雨,越是倾盆而下,天晴得也就越快。

借物宣泄也是一种宣泄方式。当你在就业过程中受了委屈或有了痛苦难受的感受后,可以回到宿舍或家中关起门来,用力捶打、摔打你的被子、枕头、玩具熊、布娃娃等等,待捶打到疲乏时,你会觉得心里轻松了许多。

剧烈的运动也是很好的宣泄办法。人在情绪低落时,往往不爱运动,越不活动,情绪越低落 ,形成恶性循环。事实证明, 情绪状态可以改变身体活动,身体活动也可以改变情绪状态 。例如走路的姿态,昂首挺胸 ,加大步幅及双手摆动的幅度,提高频率走上几圈 ,或者通过跑步、干体力活等剧烈活动,可以把体内积聚的"能量" 释放出来,使郁积的怒气和其他不愉快的情绪得到发泄, 从而改变消极的情绪状态。

2. 情绪放松法 大学毕业生产生心理问题的原因,大多是紧张、焦虑等情绪造成的,这都是找不到适合自己工作的压力引起的。在学习和生活中,当紧张与焦虑对大学毕业生产生不良影响甚至不能正常学习和生活时,便须加以调适。以下方法可尝试一下。

(1) 调息放松法,也称深呼吸放松法:此法关键是将胸呼吸(由于紧张,使吸入新鲜空气最多只到达胸部便被呼出)变成腹式慢呼吸(尽量向内更多地吸入空气,再轻轻地、慢慢地呼出)。此法可促使血液循环正常,让紧张心理得以缓解,降低个体对焦虑的易感度。

(2) 想象放松法:想象放松是通过对一些安宁、舒缓、愉悦的情景的想象以达到身心放松的目的。此法要求尽量运用各种感官,观其形、听其声、嗅其味,恰如身临其境。运用此法一般应在饭后或睡前,先使身体或坐或卧,保持一种舒适的状态,然后集中注意力尽可能逼真地去想象一些舒适松弛的场景。

(3) 肌肉放松法:肌肉放松是一种深度放松。此法的要点是先紧张后放松,在感受紧张之后再充分地体验放松的效果。从操作上来说,肌肉放松法一般是从头到脚,依次分别进行。如做面部整体放松:把眉毛往上拉,眼睛尽量睁大,嘴角尽力后拉,牙齿尽量咬紧,保持10秒钟,然后放松。对每一部分的肌肉,都要充分体会紧张之后再放松的舒适感觉。

3. 注意转移法 所谓注意转移法就是采取迂回的办法把自己的注意力、情感和精力转移到其他活动上去,使消极的情绪在蔓延之前就被一些因素干扰,不再恶化,朝着良性方向发展。过于强烈的消极刺激都与当时的情境密切相关,只要善于脱离不利的情境,对于情绪的控制就变得相对容易。比如当大学毕业生产生心理问题时,自己首先应该冷静下来,转移注意力,做一些自己感兴趣或是有待解决的事情,如大学毕业生可以充分利用图书馆、网络等便利条件,阅读或朗读一些富有内涵、哲理和充满向上精神的书刊报,也可以欣赏音乐、影视等,等情绪平静之后再考虑就业的问题。以上方法的一个特点是能让矛盾暂时得到缓解,直到自己冷静后再做处理就不容易激化矛盾,就有利于心理问题的解决。

4. 自我暗示法 自我暗示是一个心理学概念。它是运用内部语言或书面语言的形式来进行自我调节情绪的方法。积极的自我暗示有一种神奇的力量,可以启动和控制潜意识能量,调动非智力因素,以此来调整心态,补充精神动力,坚定成功信念,进而自觉地努力,以达到主体追求的效果。而消极的自我暗示会使人陷入低落的情绪之中,久而久之,潜意识的东西就会逐渐上升到意识层面,将个体引入消极的生活状态中,不能自拔。大学毕业生的言行举止具有很强的关联性,他们良好的心理状态会让自己感受到轻松,从而看到希望。因此,积极的自我暗示对大学毕业生来讲是非常必要的。大学毕业生要注意调整自己,运用好自我暗示。当自认为受到用人单位的轻视,个人感到无价值时,应暗示自己:他们这样说有什么证据?对这件事有无其他解释?我应努力证实自己,让他们消除这种认识;当求职造成巨大压力,以至个人感到无所适从时,可以暗示自己:一步一步去做、一件一件去做,事情总会有结果;当遇到失败,结果无法挽回时,可以对自己说:这不是最后一次,我可以重新开始。

5. 积极认知法 所谓认知就是我们看待事物的方式,它包括一个人的思想观点,阐述事物的思维方式,评价是非的标准,对人对事的基本信念等。积极健康的认知指个体认识与客观事实相符,不歪曲事实。一般来说,消极情绪是由消极的思想决定的,当大学毕业生用否定的、悲观的思想看问题时,就会感到非常沮丧、失意与消沉。通过改变认知可改变他们的消极情绪。生活中我们注意到,拥有积极健康认知的人总是在看到事物不利方面的同时,更能看到有利的方面,从而精神饱满,信心十足。而持消极认知的人看问题的不利方面更多些,强调困难更多些,把这种不良情绪带到就业中,势必将会影响就业的效果。要想拥有健康的认知,就应该正确认识自己,接受自己,维护自己,提高自己,并在此基础上形成积极正确的自我观念,摆正位置,扬长避知,不好高骛远,不给自己提出不现实的目标。同时,正确认识别人,经常进行换位思考,站在别人立场上考虑问题,多想别人的长处和优点,避免认知偏差。只有这样,才能以积极心态应对就业问题,干一行爱一行,干一行钻一行。

综上所述,社会变革、高校毕业生就业制度变革为大学生提供机遇的同时更提供了挑战,就业压力必然导致各种就业心理问题的产生,只有运用好自我心理调适的方法,才能使毕业生就业时处于一个良好的“竞技状态”。要想保持良好的就业心态,最主要的还是要树立远大的理想,树立正确的人生观和价值观,同时要注意培养良好的品质,磨炼坚强的意志,培养乐观豁达的生活态度。只有这样,才能在就业择业的重要关头,始终保持积极向上的精神状态和健康的心理,不至于在困难面前退缩。

【合理变通——有效的心理调适方法】 人要参与社会生活,就必须受到一定的社会规范的制约和限制,这就要求个体要根据社会信息及时调整自己,有效化解心理矛盾冲突,尽可能减少心理问题的发生率,使之适应于社会的要求。

人们从接收一定的外界信息到作出相应反应,这中间有一个大脑根据以往的认知,对信息进行加工并产生相应的心理体验的过程,这个过程也是个体心理发展变化的过程。这个过程的完成有三个要素:一是外部信息的刺激;二是已有的心理认知的参与;三是个体心理的自我整合作用。

值得注意的是,人们根据一定的外部信息所作的适应性反应并不总是成功的:个体的心理体验与原有的心理认知不一致,就会导致心理冲突。这种冲突,既是促进个体心理发展、成熟的动力,也可能导致其心理应激(如彷徨、自责、压抑、痛苦、愤懑等)以及相应的肌体反应(如内分泌失调、失眠等),引发心理问题甚至身心疾病。个体通过对外部信息接收角度和强度的转换,或对原有心理认知在重组、迁移、升华的基础上予以整合,使外部刺激与心理认知互为进退地实现协调一致,以避免心理矛盾冲突激化所造成的心理困境,这就是心理调适的重要方法——合理变通。合理变通的主要方式可以概括为以下几种:

1. 回避——转移注意力,尽可能躲开导致心理困境的外部刺激。在心理困境中,人的大脑里往往形成一个较强的兴奋灶。回避了相关的外部刺激,可以使这个兴奋灶让位给其他刺激引起的新的兴奋灶。兴奋中心转移了,也就摆脱了心理困境。

2. 变通——变恶性刺激为良性刺激,酸葡萄与甜柠檬效应。心理学上又叫合理化。就是通过找一些理由为自己开脱,以减轻痛苦,缓解紧张,使内心获得平衡的办法。弗洛伊德指出,常见的合理化有两种:一是希望达到的目的没有达到,心理便否定该目的的价值或意义,俗称酸葡萄效应。二是未达到预定的期望或目标,便提高目前现状的价值或意义,俗称甜柠檬效应,如狐狸吃不到葡萄,就说葡萄是酸的,只能得到柠檬,就说柠檬是甜的,于是便不感到苦恼。心理调适可借用某种"合理化"的理由来解释事实,变恶性刺激为良性刺激。

3. 转视——换个角度看问题,横看成岭侧成峰。因为并不是任何来自客观现实的外部刺激都可以回避或淡化。但任何事物都有积极和消极的方面。同一客观现实或情境,若从一个角度来看,可能引起消极的情绪体验,使人陷入心理困境;若从另一个角度来看,就可以发现其积极意义,从而使消极情绪体验转化为积极情绪体验,走出心理困境。

4. 换脑——换一种认知解释事物,更新观念,重新解释外部环境信息,也就是相当于换一个脑袋思考、解释问题。在个体出现心理矛盾和冲突的时候,可以通过换脑法,减少或消除心理认知与心理体验的矛盾冲突。

5. 升华——让积极的心理认知固着,把挫折变成财富。人的心理问题长期不能解决,往往与他们的消极心理固着有关。如何克服心理固着,有效的方法是进行心理位移,即选择一种新的、高层次的、积极的、利于他人和社会的心理认知固着代替旧有的心理认知固着,从而改变消极的心理状态,这就是心理升华法。"失败乃成功之母"、"化悲痛为力量"就是从失败的消极因素中,认识其中蕴涵着的积极因素,使之成为个体奋起图强,取得成功的动力和契机。

6. 补偿——改弦易辙不变初衷,失之东隅收之桑榆。人们难免会由于一些内在的缺陷或外在的障碍以及其他种种因素的影响,导致最佳目标动机受挫。这时,往往会采取种种方法来进行弥补,以减轻、消除心理上的困扰。这在心理学上称为补偿作用。补偿,就是在目标实现受挫时,通过更替原来的行动目标,求得长远价值目标实现的一种心理调适方式。

7. 求实——切合实际调整目标。当实现目标过程中受挫时,就会产生心理紧张或痛苦,避免或缓解这种状况的一个有效措施,就是及时切合实际调整自我,并变换实现目标的途径和方法。

人生路上,若所面对的无法改变,那就先改变自己,只有这样,才能最终改变属于自己的世界。

第四章　求职应聘技巧

通过本章学习，你将能够回答下列问题：

1. 毕业生搜集就业信息的途径有哪些？
2. 如何对就业信息进行分析和筛选？
3. 求职信和个人简历的撰写技巧包括哪些？
4. 面试前的准备工作有哪些？
5. 面试时应注意哪些问题？
6. 笔试的方法和技巧是什么？

为了适应就业形势的需要，求职人员要掌握一定的求职技巧和策略。在求职过程中，求职者要努力采集真实的招聘信息，认真撰写规范、客观且特色鲜明的求职文案向用人单位自荐，在应聘中注重策略，讲究方法，增强面试技巧，提高就业成功率。

求职技巧是指求职过程中的方法、手段和技能。按求职的环节来分，通常把求职技巧分为招聘信息的采集技巧、求职文案的撰写技巧和求职面试笔试的应对技巧三大类。

第一节　就业信息的搜集及使用

毕业生能够成功就业，不仅取决于他自身的知识和能力等因素，还取决于他是否掌握和有效地运用了就业信息。包括国家的政治经济状况、就业形势、就业政策、就业机构、人才供求情况以及用人单位对人才素质的要求等信息；自己所属院校的就业细则；有关就业机构的具体职责，校园招聘活动的安排等。这些信息不仅对应届毕业生，而且对于在校非毕业生从实际出发看待个人的发展方向，制定职业生涯方向，确定择业目标，调整职业及专业学习内容，从而合理地塑造职业自我，都有着极为重要的作用。

就业信息是指与就业相关的消息与情况。没有就业信息，就没有就业渠道。在人才需求总量供大于求的“买方市场”态势中，要求每一个择业者必须通过各种途径，获取足够的信息，以了解当下与己类似的求职群体的总体供需形势，分析自身所学专业的就业前景与发展趋向，克服专业结构所带来的供求矛盾，然后明确自己向往的行业与将选择的职业，这样才不至于盲人摸象式的无所事从。

一、搜集信息的原则、方法及途径

（一）搜集就业信息的原则

搜集就业信息遵循准确性、实用性、针对性、系统性等要求，要注意运用不同渠道时的一些细节问题，力求做到“早”、“广”、“实”、“准”，即早准备，早动手，搜集到信息后及时处理，赢得主动；信息搜集渠道及视野要广；信息要具体、真实；要确保就业信息准确无误。

（二）就业信息搜集的方法

1. 全方位搜集法 把与自己专业有关联的就业信息统统搜集起来，再按一定的标准进行整理和筛选，以备使用。这种方法获取的就业信息广泛，选择的余地大，但较浪费时间和精力。

2. 定方向搜集法 根据自己选定的职业方向和求职的行业范围来搜集相关的信息。这种方法以个人的专业方向、能力倾向和兴趣特长为依据，便于找到更适合自己特点、更能发挥作用的职业和单位。需要注意的是，当你选定的职业方向和求职范围过于狭窄时，有可能大大缩小你的选择余地，特别是你所选定的职业范围是竞争激烈的“热门”工作时，很可能给你下一步的择业带来较大困难。

3. 定区域搜集法 根据个人对某个或几个地区的偏好来搜集信息，而对职业方向和行业范围较少关注和选择，这是一种重地区、轻专业方向的信息收集法，按这种方法收集信息和选择职业，也可能由于所面向地区的狭小和“地区过热”（即有较多择业者涌向该地区）而造成择业困难。

（三）就业信息搜集的途径

1. 学校毕业生就业工作部门 学校毕业生就业工作部门是学校的职能部门，主要职责是对毕业生进行就业政策咨询与就业指导；收集、整理、发布用人单位就业信息；毕业生基本情况的收集、整理、发布；向用人单位推荐毕业生；编制、上报就业计划；毕业生派遣及遗留问题处理等。通过学校毕业生就业工作部门获得的信息具有针对性强、可靠性高的特点。

2. 学校老师 毕业生所在学校工作、任教的教师，比一般人更了解本专业毕业生适合就业的方向和范围，以及近几年来毕业生的就业情况。在与校外的研究所、企业、公司合作开发科研项目或兼职教学、培训活动中，教师们熟悉这些用人单位的经营状况、工作环境和人才需求情况 他们提供的信息针对性强，更能满足学生对专业发展的要求。

3. 校友 校友大多在对口的单位工作，对所在单位、行业的情况比较广解。通过他们，毕业生可以寻求去他们单位实习的机会，以获得许多具体、准确的就业信息。校友提供的就业信息，其最大特点是比较接近本校，尤其是本专业的毕业生，对人才市场上的供求状况及其在具体行业中的实际工作、发展状况更了解。

4. 家长、亲朋好友 对于尚未步人社会的大学生而言，家长和亲友是他们社会关系网的主要构成。而他们也都非常关心自己家庭亲友的就业问题，又来自社会的各个行业、各个阶层，与社会有多种联系，可以从不同渠道带来各种用人单位的需求信息。家长亲友一般比较了解毕业生本人的求职意向，提供的信息也就比较直接、有效、可靠；毕业生一旦接受家长亲友提供的信息，由此进入就业岗位的可能性也比较大。

5. 政府教育主管部门与毕业生就业指导部门 全国的毕业生就业主管部门是教育部，县级以上的教育和人力资源部门都成立了毕业生就业的管理机构或指导机构。这些部门会定期收集所在地用人单位的需求信息，经过整理，分单位和专业汇编成册，然后通过多种渠道发布出去。这些信息几乎涵盖了当地各行业的需求信息，因此地域性较强，对于有明确就业地点要求的毕业生来说，这种渠道的就业信息显得尤为重要。

6. 供需见面会及人才市场 高校单独或联合举办的毕业生供需见面洽谈会，各地市举办的主要面向本地区的用人单位和毕业生的供需见面会及定期举办的人才市场招聘会，能在较短的时间内汇集众多用人单位和大量的需求情息，因而时效性很强。对于毕业生来说，高校举办毕业生供需见面会的针对性更强。

7. 国际互联网　随着我国就业工作信息化进程的加快，网上搜寻就业信息已成为如今大学毕业生最常用的求职手段之一。推荐给同学们部分相关网站：

中华人民共和国教育部网站：http://www.moe.gov.cn/

教育部全国大学生就业公共服务立体化平台：http://www.ncss.org.cn

大学生志愿服务西部计划网：http://xibu.youth.cn/

大学生村官网：http://www.54cunguan.cn/

中国高等教育学生信息网：http://www.chsi.com.cn/

辽宁省高校毕业生就业信息网：http://www.lnjy.com.cn/

中国医疗人才网：http://www.120job.cn/

应届毕业生求职网：http://www.yjbys.com/

智联招聘：http://www.zhaopin.com/

各市地毕业生就业信息网

8. 报刊、广播、电视等新闻媒体　这些传统媒体历来关注高校毕业生的就业情况。一些用人单位的简介、需求信息、招聘启事等信息都会在当地主要媒体登出、播报，或在报纸辟出专栏登载招聘信息。

9. 实习、社会实践、社交等活动　毕业生在实习、社会实践中可以直接与用人单位接触，能够更清楚地了解有关需求情况，也让用人单位更多地了解自己。社会实践是大学生自我开发职业信息的重要途径。在社会实践的过程中，通过自己的努力赢得用人单位的好感、信任，取得职业信息甚至直接谋得职业的大学生不乏其人。因此，大学生在各种社会实践活动中，在了解社会，提高思想觉悟，培养社会能力的同时，也要做一个搜集就业信息的有心人。

就业信息的获取途径有很多，求职者可根据自己实际情况选择不同渠道来获取信息。对于采集到的就业信息，应进行综合分析，并结合自身特点进行筛选，以保证招聘信息的真实性、科学性和有效性，最终实现成功就业。

二、就业信息的分析与筛选

（一）就业信息的分析

大学毕业生应该具有一定的处理信息的能力，包括：熟练掌握信息工具、迅速准确获取信息、合理科学地处理信息、创造性地利用信息、抵御污染信息的免疫能力等等。

毕业生通过各种途径搜集到的需求信息，应结合自己的实际情况，加以筛选处理，去粗取精，去伪存真，有目的、有针对性地进行排列、整理和分析，只有这样才能使需求信息具有准确性、科学性和有效性，使之更好地为自己的求职服务。

1. 就业信息的可靠性分析

（1）根据信息的内在逻辑验证其可靠性。

（2）根据信息的来源渠道进行分析判断。

（3）通过电话直接查询进行具体核实。

案例 4-1 某毕业生某日接到北京某公司人力资源部的电话，自称是美国某企业，在人才招聘网站上看到了该学生的求职信息，非常感兴趣。公司目前急需两到三名他所学的这一专业的优秀毕业生，要求成绩综合排名前 10%，通知该毕业生将个人的详细信息发给该公司，并且最好能再多提供一些同学的信息供公司选择。该同学非常谨慎，没有立即答应对方的要求，而是通过网上搜索，委托其他同学电话询问等方式，了解到该公司实际为一猎头公司，目的在于广泛获取高校毕业生的信息，以备其用。还有一些用人单位利用当前许多学生急于找工作、社会经验不足的心理，挖掘大学生廉价劳动力，通过延长实习期、哄骗工作机会等手段欺骗求职者。就业关键期广大毕业生要把好心理关，对求职保持平稳心态，认真辨识就业信息，提高警惕，破解职场“陷阱”。

2. 就业信息的时效性分析 就业信息的效用具有一定的期限，过了期限效用就会减少，甚至消失。时效性是信息的一个很重要的特性，在竞争日趋激烈的就业市场，信息的有效期也越来越短。在大学生就业市场上，每年总有二、三个月是就业信息相对集中的时期，这段时间找工作也最有效，毕业生如果能把握好这段时间，主动出击，就能抓住机遇，找到理想工作。

3. 就业信息的针对性分析 随着社会分工的进一步细化，用人单位所要求人才的层次、专业、性别、能力等方面千差万别、五花八门。就业信息本身必须能够说明它所适用的对象，以及该对象所应具备的具体条件。否则就会让每个毕业生都产生自己都能适合、都能胜任的错觉。因此，必须注意就业信息的针对性，不能盲目追求当今都看好的职业。

（二）就业信息的分类筛选

经过对就业信息的可靠性分析，大学毕业生将过时的信息、虚假的信息剔除出去之后，把与自己的专业及兴趣有关的信息提取出来给予科学地排序，将与专业、兴趣无关或关系不大的排到一边，仅作参考。经过分类整理，重点掌握对自己来说价值较大的信息。就业信息对自己是否重要，其依据就是是否适合自己。需要特别注意的是，许多信息的价值往往不是浮在表面上的，必须经过深入挖掘才能发现。

三、就业信息的及时利用

就业信息的时效性较强，信息一旦选定，要不失时机地主动与用人单位的主管人员联系，询问应聘的方式、时间、地点和要求，并准备好完整的求职材料，使求职尽快成行。要根据筛选出来的就业信息的招聘条件、岗位要求来对照检查自己的不足，想办法及时弥补。这一做法尽管在毕业前的有限时间内较为仓促，但却是有效的。

1. 细化查询目标单位信息 在对就业信息经过查阅、分类分析后，对自己将要重点落实的单位要进行以下方面的调查了解：

（1）用人单位的准确全称、性质及上级主管部门。

（2）用人单位的联系方式，如人事部门联系人、电话、通信地址、邮政编码等。

（3）用人单位需要的专业、具体工作岗位。

（4）用人单位对所需人才的具体要求。

（5）用人单位的地点、工作环境及待遇，包括工资、福利、住房、奖金等。

（6）用人单位的现有综合实力、规模、效益，主营业务及远景规划，在行业中的竞争地位。

（7）利用企业生命周期原理进行分析。生命周期是指该单位生存大致经历的四个阶段：投入期、成长期、成熟期、衰退期。

对这些信息的查询方法，应从以下几个方面入手：一是通过查阅号码簿黄页，抄录用人单位的全称、地址、邮编、电话号码、负责人姓名等备用；二是通过网站、图书馆、广告宣传材料和信息发布等渠道阅览查找单位的详细资料；三是找已经在该单位工作的亲友、同学或其他关系，向他们直接了解本单位的详细情况。采取这种方式所获得的用人单位的信息是最直接，也是最可靠的。

2. 认真研究目标单位信息　尽量深入地了解、分析目标单位的经营范围、经济效益、产品构成、生产规模、分支机构的设置及业务范围、企业文化、发展前途等基本情况。

3. 根据目标单位特点准备应聘

（1）掌握用人单位的招聘程序：了解用人单位的招聘程序，并把自己的择业活动调整到与用人单位的招聘活动较为一致的步调，有利于择业活动的有效进行。用人单位的招聘程序一般有以下几个环节：确定需求和招聘计划，发布需求信息；举办单位招聘说明会；搜集生源信息，分析生源资料，组织笔试、面试，签订协议；上岗培训。

（2）制定针对目标单位应聘的策略计划：即将去应聘的大学生要做好如下具体的准备：

1）制定相应策略：要针对用人单位的特点，根据自身的优势、劣势制定相应的策略，扬长避短。因为不同单位有不同的价值取向和用人偏好。

2）调动有效资源：在可能的情况下，搜寻外援（社会关系、亲朋好友、老师、校友等），有时候会有很大的帮助，这一点在国内的用人单位中尤其突出。

3）制定详尽计划：要制定详尽的应聘计划、日程。当距离应聘单位较远时，日程安排更需要周全，以免误事。当面临多个应聘单位时，要做出统筹安排，时间冲突时，就要果断做出取舍。

第二节　求职文案的撰写技巧

求职文案包括求职信和求职简历。求职信反映的是求职者的求职意向和主观情况，求职简历反映的是求职者的客观情况。求职简历还是用人单位了解求职者基本情况的重要资料，是证实求职者适合应聘岗位的重要工具。求职信与求职简历的共同任务是帮助求职者获得面试机会。对于每一个求职者来说，写好求职文案将成为求职中的一个十分重要的环节，是踏上求职成功的第一步。

一、求职信的撰写技巧及注意事项

求职信又称自荐信，是有目的地针对不同用人单位的一种书面自我介绍。是求职者向用人单位表达自己求职意向的一种方式。其意义在于帮助求职者推销自己，概括求职者的能力、想要什么、能做什么等。求职自荐信是毕业生向用人单位自我推荐的书面材料，是毕业生所有求职材料中至为关键的支柱性文件，其写作质量直接关系到毕业生择业的成功与否。因此，自荐信被称为毕业生求职的“敲门砖”。

求职信格式一般分为标题、称呼、正文、附件和落款五部分。重在内容真实，特色鲜明，措辞得当，简明扼要。应针对求职者自身的情况和用人单位的具体要求来撰写。

1. 标题 标题是求职自荐信的标志和称谓,要求醒目、简洁、庄雅。要用较大字体在用纸上方标注"自荐信"三个字,显得大方、美观。

2. 称呼 这是对主送单位或收件人的呼语。如用人单位明确,可直接写上单位名称,前用"尊敬的"加以修饰,后以领导职务或统称"领导"落笔;如单位不明确,则用统称"尊敬的贵单位(公司或学校)领导"领起,最好不要直接冠以最高领导职务,这样容易引起第一读者的反感,反而难达目的。

3. 正文 正文是自荐信的核心,开头应表示出对对方的问候致意。主体部分一般包括简介、自荐目的、条件展示、愿望决心和结语五项内容。

简介是自我概要的说明,包括自荐人姓名、性别、民族、年龄、籍贯、政治面貌、文化程度、校系专业、家庭住址、任职情况等要素,要针对自荐目的作简单说明,无须冗长繁琐。条件展示是求职自荐信的关键内容,主要应写清自己的才能和特长。要针对所求工作的应知应会去写,充分展示求职的条件,从基本条件和特殊条件两个方面解决凭什么求的问题。基本条件应写清政治表现和学习活动两方面内容。愿望决心部分要表示加盟对方组织的热切愿望,展望单位的美好前景,期望得到认可和接纳,自然恳切,不卑不亢。结语一般在正文之后按书信格式写上祝语或"此致,敬礼"、"恭候佳音"之类语名。

4. 附件 求职自荐信附件主要包括个人简历、证书及文章复制件、需要附录说明的材料,也可作为附件一一列出。

5. 落款 落款处要写上"自荐人"的字样,并标注规范体公元纪年和月日。随文处要说明回函的联系方式、邮政编码、地址、电话号码及邮箱等。署名处如打印、复制件则要留下空白,由求职人亲自签名,以示郑重和敬意。

写求职信的主要注意事项有:①要有一个新奇、出其不意的开头,这样能轻易引起对方的重视和爱好,达到先入为主的良好效果;②求职信的内容应特色鲜明,内容精练,直奔主题,切忌太短或太长,500~600 字为宜;③内容务必真实,既不过于谦虚,也不要过于夸大。应客观真实地反映自己的优点和才能,和对用人单位的真情实感;④求职信最好自己手写,字迹工整,杜绝错别字。给人一种亲切、实在的感觉。一些附件可用打印或复印,也应尽量设计得美观、大方一点。

【求职自荐信范文 1】

尊敬的院领导:

您好!我是一名即将毕业的本科毕业生。我很荣幸有机会向您呈上我的个人资料。在投身社会之际,为了更好地发挥自己的才能,谨向各位领导作一下自我推荐。

美好的大学生活,培养了我科学严谨的思维方法,更造就了我积极乐观的生活态度和开拓进取的创新意识。课堂内外拓展的广博的社会实践、扎实的基础知识和开阔的视野,使我更了解社会;在不断的学习和工作中养成的严谨、踏实的工作作风和团结协作的优秀品质,使我深信自己完全可以在岗位上守业、敬业、更能创业!我相信我的能力和知识正是贵单位所需要的,我真诚渴望,我能为单位的明天奉献自己的青春和热血!

我个性开朗活泼,兴趣广泛;思路开阔,办事沉稳;关心集体,责任心强;待人诚恳,工作主动认真,富有敬业精神。在四年的学习生活中,我很好的掌握了专业知识,学习成绩一直名列前茅。在学有余力的情况下,我阅读了大量专业和课外书籍,并熟悉掌握了各种设计软件。

自荐书不是广告词,不是通行证。但我知道,一个青年人,可以通过不断的学习来完善自己,可以在实践中证明自己。如果能获得贵院的赏识,我一定会尽职尽责地用实际行动证明:

医院的过去，我来不及参与；但为了它的未来，我愿奉献我毕生的心血和汗水！

此致

敬礼！

自荐人：×××

201×年×月×日

【求职自荐信范文 2】

尊敬的领导：

您好！感谢您在百忙之中审阅我的求职信。

我是＊＊大学＊＊学院麻醉专业 201＊年应届毕业生，面临择业，我满怀憧憬和期待，坦诚地向贵院自荐，并将我的材料函呈上，敬请审阅。

十七年的寒窗苦读造就了自强不息的我。大学生活是我人生中最重要的一个阶段，是我探索人生，实践真知，走向更加成熟的过程。在这期间我不但学习了课本上的知识，如计算机、形势与政策、中国近现代史纲要、大学外语、法律基础等公共课程和解剖学、病理学、生理学、诊断学、生物化学、药理学、麻醉生理学、麻醉学、麻醉设备学等专业课程，以及经济管理基础、逻辑思维与方法、西方哲学智慧和自然辩证法、大学生礼仪等选修课程，还真正懂得了人生的意义，人生的价值。在以后的工作中，我能够从事临床麻醉、疼痛治疗、重症监护治疗、急救医学、医学教学和研究等相关工作。

几年来，我立志做一个麻醉专业的优秀大学生，不仅掌握了扎实的理论基础，而且有一定的实际操作能力以及吃苦耐劳团队合作精神。出生于农村家庭使我具备了勤奋、吃苦、务实、向上的精神和作风。农村生活铸就了我淳朴、诚实、善良的性格，培养了我不怕困难挫折，不服输的奋斗精神。大学期间，我不断完善自己的知识结构，提高自己的综合素质。已系统地学习并掌握了本专业开设的所有课程，掌握了各种常见病、多发病的诊治；能熟练地独立处治一般病人及抢救危重症病人；基本掌握疼痛学的要领，并且能熟练操作如骨穿、胸穿、腰穿、腹穿、心肺复苏术等。在大学期间多次参加社会实践活动，检验自己所学的知识的同时，使自己具备了较强的分析问题和解决问题的动手能力，同时院学生会主席一职更增强了我的组织和领导及管理能力，特别是参加演讲比赛更增强了我的胆略和自信。自信和执著是我的原则，沉着和乐观是我处事的态度，爱好广泛使我更加充实。

回首过去，是我勇于探索勤于求学的知识蕴积之路；展望未来，将是我乐于奉献于业务的事业开拓之途。尊敬的院领导，贵院开创的业绩和远大的发展前景我仰慕已久。深信我会用自己勤勉的汗水与同仁一道为医院的锦绣前程奋斗不息，奉献我的年轻的热忱和才智！我真诚希望成为其中一员。我将以高尚的医德、热情的服务，倾我所能，不断学习，为贵院发展事业贡献一份力量，实现“救死扶伤、恪尽职守、一生济世”的夙愿。相信贵院的信任和我实力的结合将会为我们带来共同的成功！

此致

敬礼！

自荐人：×××

201×年×月×日

二、求职简历的撰写技巧及注意事项

求职简历是自己生活、学习、工作、经历、成绩的概括集锦。它的主要任务是争取让接受方和求职者进行联系，主要目的就是争取到面试的机会。据相关调查发现，招聘者平均在每份简历上只花费 1.4 分钟。每次招聘会结束，都会有大堆式样各异的求职简历被无情地扔进垃圾筒。有的求职者对自己的简历过于包装，也有的简历千篇一律，这些也很轻易被应聘单位拒之门外。如何让自己的简历脱颖而出，顺利进入面试阶段，求职者必合理把握简历的标准——简而有“力”，字字有声。

1. 以优良的人品感动人 是否具有非凡的经历、优秀的人格品质及良好的性格，已经成为当今许多用人单位在录用人员时要考虑的一项重要条件和内容。求职者假如能在这方面进行挖掘，做些文章，无疑会给自己增添一些优势。

2. 以明显的优势说服人 俗话说“不怕不识货，就怕货比货”。对于那些在大学阶段成绩非凡优异和能力出众的求职者，在写求职简历时，就要善于突出和反映自己的优势，优点尽可能具体化。如写“成绩优异”就不如写“成绩排在年级或专业的第几名，通过了国家CET—4、6 级考试，被评为校三好生”等，这样写更具有份量。

3. 以独特的见解征服人 求职者在写求职简历时，假如能够自然地写出对一些与自己相关问题的认识和看法，也可让用人单位对自己认识事物的能力和水平有所了解。

4. 以出众的特长吸引人 用人单位都希望被录用者具备一定的特长才能，与所聘岗位相符，因此，在写求职简历时，一定要根据应聘岗位突出自己的特长。如应聘的是行政、人事管理类的岗位，简历中可突出自己在计算机应用、沟通、协调、组织等方面的能力。应聘营销类职位时则要突出自己的策划、社会活动、创新和表达能力等。

一般来说，一份合格的简历通常应包括下列几个要素：

1. 总体个人信息 姓名、性别、出生年月、联系方式、住址、户口状况(不是必要的)、应聘职位。

2. 教育培训背景 学位、学历、学校、专业、主要课程、实习地、证书等。凡是能证明求职者知识水准、所拥有技能的相关信息均可，包括非正规的成人教育和专业培训。

3. 工作经历 应当包括所有的社会实践和实习经历，无论是有偿的还是无偿的。

4. 特长和爱好 良好的习惯和健康的爱好，如果有突出的成绩更好。

5. 技术和技能 列出所有与求职有关的技能，如专业技能、电脑技能、语言技能、沟通能力、团队精神等。运用数字、百分比或时间等量化手段加以强化。用词应简单明确，以个人魅力征服未来的雇主。

在写求职简历时应注意以下事项：

第一，不要“遍地开花”。不要因找工作心切，随便找一些单位发出求职简历。这种四处撒网的做法，没有针对性，缺乏对用人单位的了解，工作之后才发现不理想，悔之晚矣。

第二，不要长篇大论、夸夸其谈。简历，顾名思义是简练的经历，切不可篇幅过长，洋洋洒洒十几页，写的人费力，看的人费神。简历要精练，使看的人一目了然，印象深刻，否则，结果往往事与愿违，反而影响效果。

第三，不能主次不分，眉毛胡子一把抓。语言表达的逻辑性、条理性、明确性是写求职简历最起码的要求。把自己的最闪光的部分重点表达，人人都有的就一般陈述，甚至不提。撰写简历切不可轻率行事、信手拈来，应再三斟酌、反复推敲，该写的写清，不该写的删除，扬长避短，做到写的简历合式、合格、合理、合意。

第四，忌笔迹潦草、错字别字。有的人写简历为了图快，字写得龙飞凤舞，尽情发挥，看这样的简历如同看天书，看都很费力还有何兴趣可言？有的是在打印、复印时不注意质量，掉行漏字，而漏、掉的恰恰又是关键的字句。因为粗心大意而痛失良机那真是太不合算了。

第五，忌虚假不实、前后矛盾。简历是较真实地反映自己学历、经历、技能和成就的重要自述，如果凭空捏造，或有夸张、虚假的成分，与本人真实情况不符，即使一时得逞，也总会露出马脚，前功尽弃不算，还可能封闭其他的成功通道，那就太得不偿失了。

第六，不要稀奇怪异、生僻花哨。有的求职者为了给自己的简历生辉、增色，把大量的花哨、华丽的词句堆砌在一起，或大量的使用成语、俗语，有的人甚至于自己去创造成语，却不知会弄巧成拙，给人有画蛇添足之嫌。还有些人喜欢在简历中用些生僻的字、句或喜欢用些繁体字，有时会适得其反。

总之，求职是一个自我推销的过程，写求职信或简历，只能适度推销，而不可夸大其词。书写应工整、规范，要有理有节，不卑不亢，做好"一颗红心，两种准备"。

【医学毕业生简历模板】

个人简历

个人信息		
姓　　名:××	性　　别:男	照片
出生日期:1986/01/25	年　　龄:25	
民　　族:汉	学　　历:本科	
政治面貌:中共党员	毕业院校:××大学	
专　　业:临床医学	英语能力:CET6	
健康状况:良好	身高:179cm	
联系方式:138××××××××(手机)　××××××××@ qq. com (邮箱)		
联系地址:××省××市×××××××××××		

求职意向
愿到贵院从事 骨科、皮肤科 等相关科室从事临床工作

实践经验
专业实践经验: 2011. 03-2011. 07 ××大学附属××医院(三甲)见习医生 2011. 07-2012. 06×××中心医院(三甲)实习医生 在校工作经历: 2007. 10-2008. 12××大学医学院团委学生会办公室委员、主任 2008. 12-2009. 12××大学医学院团委副书记 2010. 09-2011. 09××大学第一临床学院团委副书记

教育经历
2007. 09-2010. 03 就读于××大学医学院 2010. 03-2012. 06 就读于××大学第一临床学院

获得奖励

省级奖励：
2008-2009 年度：××省暑期社会实践先进个人
2010-2011 年度：××省优秀学生干部
校级奖励：
2007-2008 年度：××大学优秀学生干部
2008-2009 年度：××大学优秀共青团干部、优秀青年志愿者
2009-2010 年度：××大学优秀学生干部、优秀共青团干部

职业技能

专业技能：	在医院实习期间，先后轮转了内科（呼吸，消化，心血管，内分泌和神经内科等），外科（骨科，普外科，泌尿外科，神经外科，心胸外科等），皮肤科。熟悉了解临床科室的常见病和多发病的诊断和治疗，熟悉掌握了规范书写病历，病程记录，手术记录等，熟练掌握了伤口清创缝合术，换药术，导尿术，体表异物取出术，皮肤科相关临床症状及治疗等一系列基本操作技能。
计算机技能：	熟悉掌握 office 办公软件及基本电脑维护操作
外语技能：	英语通过国家四、六级考试，阅读和翻译能力较强
普通话：	二级甲等

自我评价

责任心强，热情踏实，思维活跃，有目标有理想，追求完美，上进心强！

【工作经验少的简历怎么写】 刚刚走出校门的毕业生，面临的是和有着相似学历但却有更多工作经历、更丰富工作经验的竞争对手，你要做的只能是下面几点：

1. 突出实习 实际上，实习工作的性质和内容同许多工作相似，它们都需要自律以完成多项任务。你也有可能早已学习过许多不和你应聘工作有直接关联的事物。这些事物必须在工作经历栏目体现出来。这些实习工作同样要求高度自律的特性、完成不同任务的能力以及其他方面的个人素质，而这些素质也正是许多工作需要的。

2. 突出社团 比方说，在社团中曾经担任过社长（或是创立社团）有时就代表着领导能力，独立或经由团队合作安排跨校联谊、合作等活动，可能代表着协调力、谈判力、团队重视程度、或是开发市场的能力，利用社团经验的填写形式，可以有效帮助主管猜测你的个人特质和个性，也是另类彰显能力与评估发展性的指针。不过，在这里要注意的是，并不是每项社团经历对求职者都有帮助，也不是每一次的校内活动都有正面的意义，建议毕业生在处理这个部分的时候要稍微做一番整理和选择。

3. 学习至上 可将学业看成工作经历，应该强调自己极强的学习能力能够有效地弥补所欠缺的工作经验，同时辅佐以大量真实、详细的例子作为补充。在简历中着重强调最近的教育和培训，包括学过的特别课程和所参加的一切与新工作有关的活动。在简历中也可以有效地陈述出那些你在其他行业的工作技巧，尽管看上去和你应聘的工作没有直接的关系，那些工作经验同样提供可适用、可转移运用技术来支持你应聘的工作。

4. 勤能补"拙" 你应该在简历中的工作技能部分强调"勤奋苦干"、"可适应的技术"来弥补你所欠缺的工作经验等。这样就可以给你未来的雇主留下较深的印象。同时，你也必须考虑表达接受困难条件的意愿以实现转行和增加工作经验的目的，例如"愿意在周末和晚上加班"或"能够出差或外派"，也许这样就能为你获取工作的机会。

第三节　面试及应对技巧

对大多数求职者来说，上学期间各种笔试不断，尚能应对自如，而对面试则因经历少，经常不知所措。学会面试，是求职择业时面临的新课题。面试被广泛应用于人才劳务市场中，这是决定应聘者能否参加复试和签约录用的重要环节。用人单位通过面试，主要了解和把握求职者的知识水平、心理素质、应变能力、语言表达、形象气质、处世态度和敬业精神等，可以说，面试是进行综合素质测验的考场，是求职者将自己全方位展示给用人单位，走向职业之路的第一关，因此，求职者把握面试的技能技巧是获得就业成功的关键环节。

一、面试的基本模式

面试是评价求职者素质特征的一种考试方式，根据招聘对象的水平，面试常采用不同模式。面试的模式按应试者的行为反应可分为言谈面试和模拟操作面试。言谈面试是通过主试与被试的口头交流沟通，由主试提出问题，被试口头回答，是考察应试者知识层次、业务能力、头脑机敏性的一种测试方法。模拟操作面试是让被试者模拟在实际工作岗位上的工作情况，由主试给予被试者特定的工作任务，考察被试者行为反应的一种测试方法。

面试的模式按操作方式可分为结构化面试和非结构化面试。结构化面试是指依预先确定的程序和题目进行面试，过程结构严密、层次分明、评价维度确定。非结构化面试是指在面试中所提的问题以及谈话时所采用的方式都是由主试自由决定，谈话层次交错，具有很大偶然性的面试方式。现在大多用人单位在人才招聘时均采用这种方式。

面试的模式按人员组成可分为个人面试、小组面试和集体面试。个人面试又可分为一对一面试和一对多面试两种。一对一面试多用于较小规模的单位或招聘职位较低员工时采用，有时也用于人员粗选或最后录用决策。一对多面试是由2～5个主考人组成主试团，分别对每个应试者进行面试。主试团一般由人事部门、业务部门的主管人员组成。小组面试则是当一个职位的应聘人员较多时，为节省时间，让多个应试者组成一组，由数个面试官轮流提问，着重考察应试者个性和协调性的面试方式。集体面试主要是将被试者分成几组，每组5～8人。主试数人中确立一个提问者，提出一个能引起争论的问题展开讨论，其他主试人在一旁观察，考察被试者的沟通能力、协调能力、语言表达能力和领导能力。医学院校毕业生的面试以个人面试居多。

面试的模式按进程组成可分为第一次面试、第二次面试、第三次面试直至更多次。一般来说，录用人员的层次越高，面试的次数越多。

二、面试的基本程序

(1) 招聘单位对求职者的申请材料进行审核，确定面试名单。

(2) 招聘单位向求职者通知面试时间、地点。面试地点一般按照就地就近和方便的原则进行安排。通常有两种情况：学校或其附近的场地，招聘单位或其附近场地。通知面试的方式也大致有两种：招聘单位先通知学校就业主管部门，由学校通知学生或招聘单位直接通知学生本人。

(3) 求职者准备面试。

(4) 正式面试。

三、面试测评的主要内容

1. 仪表风度 这是指应试者的体型、外貌、气色、衣着举止、精神状态等。像国家公务员、教师、公关人员、企业经理人员等职位,对仪表风度的要求较高。研究表明,仪表端庄,衣着整洁,举止文明的人,一般做事有规律,注意自我约束,责任心强,被试者应该注意着装得体,举止文雅,大方,表情自然,回答问题要认真、诚实。

2. 专业知识 应届毕业生往往不具备直接进行业务操作的能力,通常要经过系统的业务培训。因此专业知识和学习能力成为重点考察的内容。了解应试者掌握专业知识的深度和广度,其专业知识更新是否符合所要录用职位的要求。

3. 工作实践经验 一般根据查阅应试者的个人简历或求职登记表,进行一些相关的提问,查询应试者有关背景及过去工作的情况,以补充、证实其所具有的实践经验,通过工作经历与实践经验的了解,还可以考察应试者的责任感、主动性、思维力、口头表达能力及遇事的理智状况等。

4. 口头表达能力 该项能力是指以言语的方式针对不同的材料及对象采用不同的方式、风格将自己的思想、观点明白无误地表达出来,并试图让考官接受的过程。包括面试中应试者是否能够理解他人意思;口齿清晰、流畅;内容有条理、富于逻辑性;用词准确、恰当、有分寸。考察的具体内容包括:表达的逻辑性、准确性、感染力、音质、音色、音量、音调等。

5. 综合分析能力 面试中,应试者是否能对主考官所提出的问题,通过分析抓住本质,并且说理透彻、分析全面,条理清晰。

6. 思考判断能力 一般观察被试者能否准确、迅速地判断面临的状况,能否恰当地处理突发事件;能否迅速地回答对方的问题,且答案简练,贴切。作为被试者应在准确、迅速、决断方面重点准备。对自己的判断应该有信心,还要分析对方是逻辑判断还是感性判断。

7. 反应能力与应变能力 主要看应试者对主考官所提问题理解是否准确,回答迅速性、准确性等。对突发问题反应是否机智敏捷,回答恰当,对于意外事情处理是否妥当。

8. 操作能力 主要在于考察应试者对于已认定的事情能否进行下去;工作节奏是否紧张有序;对于集团作业的适应性;是否具备单位领导能力。

9. 人际交往能力 主要在于观察被试者遇到难堪问题后的反应,能否让人亲近,对他人有无吸引力等。在面试中,通过询问应试者经常参与哪些社团活动,喜欢同哪种类型人交往,在各种社交场合所扮演的角色,可以了解应试者人际交往倾向和与人相处的技巧。

10. 自我控制能力与情绪稳定性 自我控制能力对于国家公务员及许多其他类型的工作人员(如企业的管理人员)显得尤为重要。一方面,在遇到上级批评指责、工作有压力或是个人利益受到冲击时,能够克制、容忍、理智地对待,不致因情绪波动而影响工作;另一方面工作要有耐心和韧劲。

11. 工作态度 一是了解应试者对过去学习、工作的态度;二是了解其对应征职位的态度。在过去学习或工作中态度不认真,做什么、做好做坏无所谓的人,在新的工作岗位也很难说能勤勤恳恳,认真负责。

12. 德性 主要在于考察应试者责任感是否强烈,能否令人信任地完成工作;考虑问题是否偏激;情绪是否稳定;对于要求较高深的业务能否适应。被试者回答时应该突出自己的自信心,坚强的意志,强烈的责任感,很强上进心的人,一般都确立有事业上的奋斗目标,并为之而积极努力。表现在努力把现有工作做好,且不安于现状,工作中常有创新。上进心消极的人,一般都是安于现状,无所事事,不求有功,但求无过,对什么事都不热心。

13. 求职动机　了解应试者为何希望来应聘单位工作,对哪类工作最感兴趣,在工作中追求什么,判断应聘单位所能提供的职位或工作条件等能否满足其工作要求和期望。

14. 业余兴趣与爱好　应试者休闲时爱从事何运动,喜欢阅读哪些书籍,喜欢哪些电视节目,有什么样嗜好等,可以了解一个人的兴趣与爱好,这对录用后工作安排有好处。

15. 其他问题　面试时主考官还会向应试者介绍本单位及拟聘职位的情况与要求,讨论有关工薪、福利等应试者关心的问题,以及回答应试者可能问到的其他一些问题等。

四、面试技巧

(一) 面试前的准备

"知己知彼,百战不殆"。机遇总是降临在有准备的人身上,求职者要在面试中立于不败之地,就必须做好面试前的准备工作。

1. 心理准备　求职者在求职面试前或过程中常会出现下列几种不良心态,这些应试心态,肯定会导致求职的失败。

(1) 自视甚高的心态:这种求职者常把个人估计过高,自认为学历、能力,甚至长相都不错,用人单位肯定人见人爱,自然顺利通过。但是,他一旦坐在聘用单位主考官面前,听到他们的一连串提问、追问、反问,就一下子慌了起来。特别是谈及个人的业务专长时,那种自以为了不起的神态让人反感,而触及个人的弱点问题时,却又遮遮掩掩,吞吞吐吐,让对方感到其人不够成熟很难担起重任。用人单位对这种自视甚高不愁嫁不出去的应聘者,往往不买账——你去找别的单位去得了,我们庙小容不下大神仙。

(2) 无所谓的心态:这类求职者把面试当成一个"撞大运"的机会,行不行,走着瞧,也许人家一下子看中我了呢,也许那单位正缺我这号人呢。于是在面试时,表现出一种大大咧咧,满不在乎的神态,回答任何问题都不够正经,迷离马虎,既不认真推销自己,把个人应聘的优越条件讲全、讲透,也不认真了解对方的需求,好让自己适应对方的口味。这种无所谓、碰运气的侥幸心态,很难使应聘获得成功。

(3) 自惭形秽的心态:这类求职者还没有"上战场"就感到自己不行,害怕得不得了。特别是在多人面试场合,看到别人学历、能力比自己高,自己心理就一下子垮了下来,等叫到自己面试时,只见手发抖、心发慌、头发涨,心想:我完了……这就是我们所说的"面试恐惧症"。怎样克服这种恐惧症呢?下面给大家提供一些办法:

1) 正视缺陷,一分为二地对待自己:世界上没有天生完美的人,任何求职者都有缺陷(弱点)。据一则材料揭示:我们人类大约有 13000 种不同的技能,平均每个求职者大概有 700 种技能,这已经算是很多的了。不过,这意味着每个求职者还缺乏另外 12300 项技能。所以,每个人都有不同方面、不同程度的缺陷(弱点)。例如:

性别缺陷——我是女的(人家可能欢迎男生),或我是男的(人家可能欢迎女生)。

背景缺陷——包括:

A. 年龄缺陷:年龄太大或过于年轻(即"嫩了一点")。

B. 学历缺陷:我是大专(人家要大学本科),我是本科(人家要硕士生)等。

C. 身体缺陷:如有智力或身体残疾。

D. 家庭缺陷:上班地点离家太远,婚后需带孩子,家中有生病老人,本市无固定住所等。

E. 语言缺陷:普通话不标准(需要接待国内人士),外语水平低(需要接待国外人士)。

技能缺陷——专业不对口,技能不对口,计算机水平低等。

经验缺陷——实习时间太短,没有独立操作的经验,只在小公司、小医院干过等。

上面这些缺陷(弱点)自己究竟有多少?如果你能用一分为二的观点对待,就能得出这样的结论:相比之下,我的缺陷(弱点)还是不多的:这些不是缺陷(弱点),就是我的所长。怕什么,我有缺陷,别人也不是完人。求职时需要明确的是:我的缺陷、弱项是什么,面试时如何回避或弱化它们,自己要以什么高姿态对待这些不足,将它转化成自己的优势。

2)选择用人单位,大胆推销自己:不要认为用人单位不会要你。其实,用人单位只有两种考虑:一种:介意你的缺陷(弱点)而不录用你;另外一种:不在乎你的缺陷(弱点),只要你符合招聘条件,适合那份工作,便会录用你。那么,你可以选择第二种用人单位去应聘。其实你也可以到第一种用人单位试一试,作为锻炼的机会。面对他们明知不大能被录用也不要有挫折感。因为许多人都有面试失败的经验,问题是要有跌倒再爬起来的勇气与毅力。

求职者一旦具备了良好心态,就会在面试时精神饱满、意气风发,充满自信,讲起话来语意肯定、语气恳切,操纵言辞得心应手,讲起话来侃侃而谈,从而为成功应聘打下良好的基础。下面几种心态值得大家尝试:

(1)积极进取的心态:把每个面试机会看成是千载难逢的好机遇,可遇而不可求,是新的成功在向你招手。在面试前认真做准备,打电话,查资料去摸底,对每一个可能要问的问题的细节都仔细思考一番,在面试时就可望有正常的或超常的发挥。有这种积极心态的人,不怕负面消息的干扰,比如"你还是多考虑一下吧!这工作不见得适合你","你这不是大材小用了吗","再等等,也许还有更好的职位呢"等。找工作其实是找机会,而机遇又从来不是垂手可得的。有的机遇往往是稍纵即逝,不去捕捉,定会失去良机。

(2)双向选择的心态:求职应聘参加面试,命运并不操在对方手里。从用人单位来看,你是在接受审查,你是否符合招聘要求。不过,换个角度来看,用人单位和主试人同时也在被你审查,看看他们给的条件能否吸引你。不要把和面试官的关系理解成上和下的关系,应该抱着我在和面试官一同讨论问题的心态,而不是觉得他在考自己。有了这种心态,求职者在精神上就会占上风,以沉着、稳健的气势面对主考官连续的问题,在面试中获得成功。

(3)输得起的心态:面试时如果有了不怕挫折、不怕失败、输得起的心态,就会大大增强面试的信心,讲起话来有板有眼、理直气壮地介绍自己,就是遇到比自己强的竞争者,也不要自惭形秽,而是抱着"我也要成为他那样的人"的积极心态来对待。总之,经不起挫折,输不起的人才是真正的失败者。有了这种输得起的思想准备,你就会一试再试,终会找到比较称心的工作。

2. 信息准备 全面了解应聘单位。求职者对用人单位所有制的性质、工作环境、业务范围、发展前景,对应聘岗位的工作内容及所需的专业知识和技能等要有一个全面的了解,同时还应该通过熟人、朋友或有关部门了解进行面试的考官的有关情况以及面试的方式、过程和时间安排,索取可能得到的任何资料。

3. 资料准备 面试时要带好招聘单位的有关资料,以备随时查阅。如果能详细说出应聘单位的背景、现状、业务情况等信息,面试官会非常高兴,会认为求职者重视本单位,对他们有信心;还要带上简历和自己填报的应聘表、发表过的文章、写的报告、计划书以及获得的各种奖励证书等；同时还要携带相关证件，以备招聘单位查阅。注意所有材料要排列整洁，心中有数，以免面试中需要时手忙脚乱给考官留下坏印象。

4. 问题及业务知识准备　对可能遇到的问题进行准备。这项准备有助于认清自己真正的想法，有助于在面试的现场能够清晰的自我表达。不要把精力放在高难度问题上，而忽视了基础性的理论和技术知识。这种面试准备主要靠过去的长期积累，因此，在校学习期间就应该树立择业意识，做好目标职业相关知识和技能的准备。在面试前，可通过招聘信息、网络、学校来了解所要应聘的单位的相关情况，有针对性地温习和查阅相关基本知识。特别是要熟知与应聘岗位相关的专业知识、业务技能。面试前还要准备一个简短的自我介绍，包括本人的优点、特点，具备的专业知识、专业技能和胜任应聘岗位的能力等。最好进行几次模拟面试训练。

5. 时间、体能准备　面试前要保证充分的睡眠和愉快的心情，不喝酒，以保持良好的精神状态。准备好现金、车票等一切确保按时到达面试地点的东西。准备好面试时要带的物品。面试当天早晨吃些高蛋白、高碳水化合物的食品，保证精力充沛。尽可能提前到达面试地点，熟悉面试环境，为面试成功奠定基础。

6. 礼仪知识准备　确保准时到达面试地点，不要携带过多物品，面试前应注意修饰自己的仪表，穿着打扮与年龄、身份、个性等相协调，与应聘职业岗位相一致。面试过程中还应注意自己的言谈举止、礼节礼貌，做到仪态大方。这一点将在以下内容中详细地阐明。

（二）面试交谈技巧

1. 谈话技巧

（1）谈话应顺其自然：不要误解话题，不要过于固执，不要独占话题，不要插话，不要说奉承话，不要浪费口舌。

（2）留意对方反应：交谈中很重要的一点是把握谈话的气氛和时机，这就需要随时注意观察对方的反应。如果对方的眼神或表情显示对你所涉及的某个话题已失去了兴趣，应该尽快找一两句话将话题收住。

（3）有良好的语言习惯：不仅是表达流利，用词得当，同样重要的还有说话方式。

1）发音清晰：有些人个别音素发音不准，如果影响讲话整体质量的，应少用或不用含有这个音素的字或词。

2）语调得体：得体的语调应该是起伏而不夸张，自然而不做作。

3）声音自然：音调不高不低，不失自我，不仅听来真切自然，而且有利于缓解紧张情绪。

4）音量适中。音量以保持听者能听清为宜。

5）语速适宜。要根据内容的重要程度，难易度及对方注意力情况调节语速和节奏。

此外，还要警惕容易破坏语言意境的现象：过分使用语气词，口头语。这不仅有碍于人们的连贯理解，还容易引人生厌。

2. 应答技巧

（1）要老实应答：对主试人提出的问题，不知道就坦率承认，对方一定会看中你的老实。对主试人提出的看法和指出的不足之处，要虚心接受，主试人若说得不对，也只能是一笑了之，“仁者见仁，智者见智”，不要非与对方争个是非曲直。

（2）要准确应答：对主试人提出的问题要给予肯定的回答，切不可模棱两可，对于社会问题、国际问题一类比较大的题目，不要照搬报纸、电视上的说法，只要侧重发表一两点自己的真实看法即可。即使说得不准确,也表明你对社会、对人生、对时事有自己独特的见解,同样会获得主试人的好评。

(3) 答问要讲策略:面试中,假如对主试人提出的问题,一时摸不着边际,以致不知从何答起或难以理解对方问题的含义时,可将问题复述一遍,并先谈谈自己对这一问题的理解。对不太明确的问题,一定要搞清楚。这样才会有的放矢,不致南辕北辙、答非所问。假如想当然地去理解对方所提的问题,其结果可能被视为无知,甚至是不礼貌。

(4) 答问要有独见:主试人接待的应试者若干名,相同的问题问了若干遍,类似的回答也要听若干遍。因此,主试人会有乏味、枯燥之感。只有具有独到的个人见地和个人特点的回答,才会引起对方的爱好和注重。

3. 应试者语言运用的技巧 面试场上你的语言表达艺术标志着你的成熟程度和综合素养。对求职应试者来说,掌握语言表达的技巧无疑是重要的。那么,面试中怎样恰当地运用谈话的技巧呢?

(1) 口齿清晰,语言流利,文雅大方:交谈时要注意发音准确,吐字清晰。还要注意控制说话的速度,以免磕磕绊绊,影响语言的流畅。为了增添语言的魅力,应注意修辞美妙,忌用口头禅,更不能有不文明的语言。

(2) 语气平和,语调恰当,音量适中:面试时要注意语言、语调、语气的正确运用。打招呼时宜用上语调,加重语气并带拖音,以引起对方的注意。自我介绍时,最好多用平缓的陈述语气,不宜使用感叹语气或祈使句。声音过大令人厌烦,声音过小则难以听清。音量的大小要根据面试现场情况而定。两人面谈且距离较近时声音不宜过大,群体面试而且场地开阔时声音不宜过小,以每个用人单位都能听清你的讲话为原则。

(3) 语言含蓄、机智、幽默:说话时除了表达清晰以外,适当时候可以插进幽默语言,使谈话增加轻松愉快的气氛,也会展示自己的优越气质和从容风度。尤其是当遇到难以回答的问题时,机智幽默的语言会显示自己的聪明智慧,有助于化险为夷,并给人良好印象。

(4) 注意听者的反应:求职面试不同于演讲,而是更接近于一般的交谈。交谈中,应随时注意听者的反应。比如,听者心不在焉,可能表示他对自己这段话没有兴趣,你得设法转移话题;侧耳倾听,可能说明由于自己音量过小使对方难于听清;皱眉、摆头可能表示自己言语有不当之处。根据对方的这些反应,就要适时地调整自己的语言、语调、语气、音量、修辞,包括陈述内容。这样才能取得良好的面试效果。

4. 应试者回答问题的技巧

(1) 把握重点,简捷明了,条理清楚,有理有据:一般情况下回答问题要结论在先,议论在后,先将自己的中心意思表达清晰,然后再做叙述和论证。否则,长篇大论,会让人不得要领。面试时间有限,神经有些紧张,多余的话太多,容易走题,反倒会将主题冲淡或漏掉。

(2) 讲清原委,避免抽象:用人单位提问总是想了解一些应试者的具体情况,切不可简单地仅以"是"和"否"作答。应针对所提问题的不同,有的需要解释原因,有的需要说明程度。不讲原委,过于抽象的回答,往往不会给主试者留下具体的印象。

(3) 确认提问内容,切忌答非所问:面试中,如果对用人单位提出的问题,一时摸不到边际,以致不知从何答起或难以理解对方问题的含义时,可将问题复述一遍,并先谈自己对这一问题的理解,请教对方以确认内容。对不太明确的问题,一定要搞清楚,这样才会有的放矢,不致答非所问。

(4) 有个人见解,有个人特色:只有具有独到的个人见解和个人特色的回答,才会引起对方的兴趣和注意，因此，不能人云亦云，要将自己独特的一面通过语言表达出来。

（5）知之为知之，不知为不知：面试遇到自己不知、不懂、不会的问题时，回避闪烁，默不作声，牵强附会，不懂装懂的做法均不足取，诚恳坦率地承认自己的不足之处，反倒会赢得主试者的信任和好感。

5. 正确处理面试求职失败　面试求职失败是指在面试时或结束后，被告知这个工作并不是给你的，或者你不能让用人单位相信你很适合这份工作。这时作为求职者应马上改变策略，不再纠缠于给予机会，而是应珍惜面试的机会，坦然承认失败并要求面试官给些建议指导你今后求职。不管你当时是否承认他的观点，你都应虚心接受下来，日后好好反思，或许会有很大的启发和意想不到的收获。

综上所述，求职者进行求职技巧的学习和练习是非常重要的，熟悉、把握、运用求职技巧进行求职更是必需的。求职者假如抱怨工作为什么与我擦肩而过，不如审阅一下自己的求职技巧，学习、把握、提高自己的求职技巧，为顺利实现就业奠定良好基础。

（三）求职礼仪

（1）服饰要得体、大方：一般说来，应聘者的服饰要以整洁、大方为原则，符合应聘者的身份和所求职位。穿着以庄重为主，切忌追求时髦、另类。女同学的装束以自然、朴实为好，男同学则以整洁、干练为好。

（2）表情自然，动作得体，态度真诚。

（3）等候面试时，不能到处走动，更不能擅自到考场外面观望；同学间的谈话应降低声音，避免影响别人应试或思考。

【面试切记六个小动作】

1. 边说话边拽衣角　求职者在面谈时，由于紧张或不适应，无意间会拽衣角或摆弄纽扣。这个小动作很容易让考官看出你的紧张焦虑，给人留下不成熟、浮躁的印象。

2. 跷二郎腿或两手交叉于胸前　不停地轮换交叉双腿，是不耐烦的表现，而一直跷着二郎腿则会让考官觉得你没有礼貌。如果再把两手交叉放在胸前，那就表达出了拒绝或否决的心情。因此，求职时一定要注意坐姿端正，双脚平放，放松心情。

3. 拨弄头发　频繁用手拂拭额前的头发，会透露出你的敏感和神经质，还会令人产生不被尊重的感觉。为避免这种习惯影响到面试的结果，求职者最好将长发扎起来，或将头发梳理整齐，这样既显得精神又能避免不经意间拨弄头发。

4. 夸张的肢体动作　面试时适当的手势能帮助你更好地阐释自己的观点，不过动作太过活泼、夸张则会给人留下不稳重的印象。因此，面试时应以平稳、平实的态度为原则。

5. 眼神飘忽　面试时两眼到处乱瞄，容易让主考官觉得这是一位没有安全感、对任何事都不抱有信任感的应试者。最好的方法是面带微笑，眼睛看着谈话者，同时头微微倾斜。

6. 不停地看表　不论是在面谈或与人交谈时，不停地看时间，会让人产生压迫感。因此，求职者要把握好时间，千万不要频繁看表。

第四节　笔试的方式及技巧

笔试是一种常用考核办法，目的是考核应聘人员文字能力，知识面和综合分析事物的能力，从而评估应试者所掌握的基本知识、专业知识、文化素质和心理健康等综合素质。

一、常见的笔试种类

(一) 专业能力考试

这种考试主要是检验应聘者担任某一职务时是否能达到所要求的专业知识水平和相关的实际能力。这几年毕业生热衷报考的国家机关公务员资格考试，其笔试包括《行政职业能力倾向测验》、《写作》和《综合知识》。又如招聘行政管理、秘书方面工作的单位对应聘者文字能力的测试,部分单位对某种计算机语言有较高的要求时,测试应用特定语言编程的能力。为检验毕业生实际工作能力或专业技术能力,通常还要进行专业技术能力考试。这种考试往往在特意设置的工作环境中进行。下面举几个例子。

(1) 阅读一篇文章,写读后感。

(2) 自编一份请求报告或会议通知。

(3) 听到 5 个人的发言,写一份评价报告。

(4) 某公司计划在 5 月份赴日本考察,写出需要做哪些准备工作。

(5) 给一个科研题目,写出科研论文的详细大纲。

(二) 智商和心理测试

智商测试主要为一些著名跨国公司所采用,它们对毕业生所学专业一般没有特殊要求,但对毕业生的素质要求较高。他们认为,专业能力可以通过公司的培训获得,因此有没有专业训练背景无关紧要,但毕业生是否具有不断接收新知识的能力是至关重要的。智商测试并不神秘。一种是图形识别,比如一组有四种图形,让应试者指出其相似点和不同点。这类题目在一些面向中小学生的智力游戏书中是很常见的,一些面向大众的杂志偶尔也刊登这类游戏题目。另一类是算术题,主要测试毕业生对数字的敏感程度以及基本的计算能力,比如给定一组数据,让毕业生根据不同的要求求出平均值,其难度绝不超过对中学生的计算能力的要求水平。

心理测试是用事先编制好的标准化量表或问卷要求被试者完成,根据完成的数量和质量来判定其心理水平或个性差异的方法。一些特殊的用人单位常常以此来测试求职者的态度、兴趣、动机、智力,个性等心理素质。

(三) 综合能力测试

综合能力测试兼有智商测试的要求,但程度更高,比如,应试者要在规定的时间内对一组数据,一组资料进行分析,找出其合理的地方和存在的问题,并设计出解决问题的方案。这是对学生阅读理解能力,发现问题,分析和解决问题的能力知识面等素质的全方位测试,甚至有时候问答是都是用英语进行,相对来说难度更大一些。

二、笔 试 技 巧

(一) 复习知识

对大学专业知识进行必要复习是笔试准备的重要方式。一般说来笔试都有大体的范围,可围绕这个范围翻阅一些有关图书资料,复习巩固所学过的课程内容,温故知新,做到心中有底。

（二）增强信心

笔试怯场，大多是缺乏信心所致。要客观冷静地对自己进行正确评估，克服自卑心理，增强信心。临考前，一要适当减轻思想负担，二要保证充足的睡眠，三要适当参加一些文体活动，从而使高度紧张的大脑得到放松休息，以充沛的精神去参加考试。

（三）临场准备

提前熟悉考场环境，有利于消除应试时的紧张心理。还应仔细看看考场注意事项，尽量按要求做好。除携带必备的证件外，一些考试必备的文具（钢笔、橡皮等）也要准备齐全。

（四）科学答卷

拿到试卷后，首先应通览一遍，了解题目的多少和难易的程度，以便掌握答题的速度，然后根据先易后难的原则排出答题的顺序，先攻相对简单的题，后攻难题。这样就不会因为攻难题而浪费时间太多，而没有时间做会答的题，遇到较大的综合题或论述题，则应先列出提纲。再逐条论述。在答完试卷后，要进行一次全面复查，特别注意不要漏题，跑题。要纠正错别字，语法不通，词不达意等错误。值得特别注意的是卷面必须做到字迹端正，卷面整洁。因为招聘单位往往从卷面上联想应聘者的思想，品质，作风，字迹潦草，卷面不整的人，招聘单位先不看你答的内容，单从你的卷面就觉得你不可靠；而那些字迹端正，答题一丝不苟的人，招聘单位认为你态度认真，作风细致，对你更加青睐。

第五章　协议的签订与毕业生权益保护

通过本章学习，你将能够回答下列问题：

1. 就业协议的内容包括哪些？
2. 签约的注意事项是什么？
3. 报到证的办理及改派手续是什么？
4. 劳动合同与就业协议的区别是什么？
5. 什么是无效劳动合同，违约的处理有哪些？
6. 大学生就业时保护自己法律权益的有效途径有哪些？

第一节　就 业 协 议

就业协议是明确毕业生、用人单位和学校三方在毕业生就业中各自权利和义务的书面形式。《全国普通高等学校毕业生就业协议书》简称就业协议书，根据教育部和《辽宁省促进普通高等学校毕业生就业规定》的要求，应届毕业生在落实就业单位后必须与用人单位和学校签订毕业生就业协议。

一、就业协议的内容

就业协议是毕业生与用人单位确立劳动关系的依据和标志。就业协议一式四份，毕业生、用人单位、学校、省毕业生就业管理部门各执一份，复印无效。“就业协议”与“就业协议书”是内容与形式的关系。

（一）就业协议包含的内容

1. 毕业生的情况及应聘意见　此部分必须由毕业生本人填写，包括姓名、性别、年龄、民族、政治面貌、培养方式、健康状况、专业、学制学历、联系电话、应聘方式和家庭地址等。在“毕业生应聘意见”一栏中，由毕业生本人填写自己的应聘意见，表明自己是否愿意到用人单位就业。

2. 用人单位的情况及接收意见　这部分由用人单位填写，其中包括单位名称、单位隶属、联系人、单位性质和毕业生档案转寄详细地址等。在“用人单位意见”一栏内包括用人单位意见和月人单位上级主管部门的意见。有正式编制的用人单位盖章后，由该用人单位的上级主管部门盖章，例如：①该用人单位为锦州市中心医院，该用人单位的上级主管部门就是锦州市卫生局和锦州市人力资源和社会保障局。②用人单位为国企或者部队直属的，只需用人单位盖章即可。③省外用人单位与毕业生签约，只需用人单位盖章即可。北京、天津、上海的用人单位与非本地生源的毕业生签订正式编制的协议时，还要提供该地区的一份接收函。学校审核合格后，上报省毕业生就业管理部门，办理《报到证》。除以上条件以外，用人单位与毕业生签订就业协议时，没有上级单位主管部门意见，按灵活就业统计，不能根据就业协议办理报到证，而根据该毕业生所在的生源地办理《报到证》。

3. 用人单位对毕业生的约定和毕业生对用人单位的约定　毕业生和用人单位约定的条款应不违反国家法律法规和有关政策、不违反学校的有关规定，一般包括：

(1) 工作期限：毕业生可以与用人单位约定具体的服务期以及相应的见习期或试用期的时间。试用期是用人单位和毕业生在建立劳动关系后为相互了解、选择而约定的考察期限。试用期便于用人单位和毕业生相互了解情况。按照《劳动合同法》的规定，试用期最长不得超过6个月，不可延长，试用期满，符合单位录用条件的可以转正，不符合条件的可以解除劳动关系。

(2) 工资和福利待遇：这既是毕业生的权利也是用人单位的义务。

(3) 违约的责任：违约的行为给另一方造成损失，应支付违约金。

(4) 就业协议终止的条件：如工作后违反用人单位有关管理规章制度。

4. 学校审核意见　学校审核意见包括院系意见和学校意见。院系意见是毕业生所在学校的二级院系初步审核意见，院系在就业协议书上签署意见并签字盖章。学校意见是学校对就业协议进行实质性审核，在就业协议书上签署意见并签字盖章。

【什么是《报到证》？哪些毕业生可以办理《报到证》】

《全国普通高等学校本专科毕业生就业报到证》简称报到证。由国家教育部印制，并由教育部授权各省(直辖市、自治区)主管普通高等学校毕业生就业调配部门审核签发，本科生的报到证分为上下两联，上联为蓝色，由毕业生本人报到使用，下联为白色，由学校装入毕业生档案。

以下条件毕业生可以办理《报到证》：经过国家普通高等学校统一招生考试而被录取的，在校期间成绩合格准予毕业的毕业生；与用人单位签订《就业协议书》或回生源地就业的毕业生，学校毕业生就业主管部门汇总、审核后，纳入省高校毕业生就业方案，由省毕业生就业主管部门签发《报到证》，毕业生持报到证到接收单位或生源地毕业生就业主管部门报到并办理有关手续。在择业期两年内，符合上述条件毕业生均可申请办理《报到证》。

(二) 签约各方必须遵守的规定和原则

毕业生、用人单位和学校三方在签订就业协议的过程中必须遵守国家法律和教育部门的相关规定，应该遵守公开、公正、公平和诚实信用原则，应当遵守社会公德。

1. 用人单位应遵守的规定和原则　用人单位与毕业生洽谈时，要如实介绍本单位的情况。例如：用人单位的工作地点、单位性质、工作条件和工资待遇等，以及对毕业生所学专业要求等情况向毕业生介绍，应明确对毕业生的要求及使用意图。毕业生与用人单位签订就业协议后，持《报到证》到用人单位时，用人单位要做好接收毕业生的工作，对于已经取得毕业证书的，用人单位不得以学习成绩及其他理由违约或拒绝接收。用人单位也可以与未取得毕业资格的结业生签订协议，但应当同时出具同意接收结业生的证明。

2. 毕业生应遵守的规定和原则　毕业生在签订就业协议时，毕业生本人应当符合就业政策的相关规定，了解国家的方针政策，了解用人单位对毕业生的用工意图和提供的工作岗位，实事求是地向用人单位介绍自己的实际情况，表明求职意向。毕业生要取得毕业资格，如果未取得毕业资格，用人单位可以不接收毕业生且无需承担违约责任。毕业生对用人单位有特殊约定的，应在“毕业生对用人单位约定”栏注明，经用人单位盖章后生效。签署协议时，应注意签约双方需要增加的约定条款，如毕业生工作后是否可以继续升学，毕业生调离用人单位等约定。约定的条款应不违反国家法律法规和有关政策、不违反学校的有关规定。毕业生与用人单位约定的条款，必须有毕业生和用人单位的签字。否则，当发生争议时，由于没有双方的签字，约定条款的效力难以认定。

3. 学校应遵守的规定和原则　学校应根据用人单位的要求实事求是地向用人单位介

绍毕业生情况,也应将所掌握的用人单位的信息发布给毕业生。高校在签订就业协议过程中应进行监督和指导,做好推荐工作;同时还要对毕业生与用人单位签订的就业协议进行审核。符合国家有关政策规定的就业协议汇总报到省毕业生就业主管部门,审核批准后,为毕业生办理就业手续并颁发《报到证》。

就业协议经各方签字盖章后生效。毕业生、用人单位、学校三方应严格履行就业协议,签约的一方因特殊情况提出变更协议,需经另两方同意,并由违约方承担相应的违约责任。

二、就业协议的签订

(一)就业协议订立的程序

(1)要约:毕业生持学校的就业推荐表参加各种形式的就业洽谈会,进行双向选择或向用人单位寄发简历,用人单位收到毕业生资料,对毕业生进行考查后,表示同意接收并将接收函寄给高校或毕业生本人,即为要约。

(2)承诺:毕业生收到用人单位接收函或得到用人单位答复后,与用人单位签订协议,即为承诺。

(3)毕业生和用人单位签订就业协议,用人单位应该在就业协议书上注明接收毕业生档案的准确名称和地址以及邮政编码。

(4)用人单位招聘如须经主管部门批准,则应上报上级主管部门批准。并在就业协议用人单位上级主管部门意见上签字盖章。

(5)就业协议签订后,应送到毕业生所在的高校负责毕业生就业的工作部门,学校审核同意后,应上报省级毕业生就业主管部门并及时将协议书反馈给用人单位和毕业生。

(二)签订就业协议的注意事项

毕业生在签订就业协议时应注意以下几个问题:

(1)认真地了解和掌握国家和省、市有关就业的相关政策和法律规定。

(2)查明用人单位资质,避免就业陷阱。用人单位必须具有从事各项经营或管理活动的能力,单位应有录用指标和录用自主权,否则毕业生也可以解除协议且无需承担违约责任。

(3)毕业生在签订就业协议过程中的违约行为越来越多,毕业生应慎重签约、理性签约、诚信签约,有关条款的内容必须明确,应事先与用人单位约定解约条件。

(4)签订就业协议时的法律地位是平等的,一方不得将自己的意志强加给另一方。用人单位在签订就业协议时不应该要求学生缴纳风险金、保证金等。

(5)注意就业协议和劳动合同相衔接。毕业生在择业过程中和就业后,先后与用人单位签订就业协议和劳动合同,两者既有区别,又有联系。由于毕业生先签订就业协议,为避免以后订立劳动合同时产生纠纷,应尽可能将劳动合同的主要内容体现在就业协议的约定条款中。

案例 5-1 小明到某区职介所登记找工作,这个职介所收取小明 100 元中介费后,告知该区某动物诊所急需一名动物医生,让他去面试。小明到了某动物诊所以后,面试轻松过关,但诊所告诉他必须缴纳 300 元的"建档费"才能上岗,急于找工作的小明只好向诊所交了这笔钱。两天后,小明到诊所上班,却发现诊所早已人去楼空。小明找到职介所,费尽口舌之后,职介所将中介费退给了小明,"建档费"则由小明自己承担。

案例分析　职介所的这种行为是违法的。小明不仅可以向职介所要回中介费,还可以向职介所提请赔偿。职介所提供虚假信息包括两种情况:如果职介所不知道用人单位或其信息是虚假的,职介所需负直接责任,应偿还求职者在这一过程中支付的所有费用;如果职介所明知用人单位或其信息是虚假的,仍提供该用人信息,这就是欺诈,职介所除应接受行政处罚、偿还求职者所支付的费用外,还应赔偿求职者的其他损失,如误工费等。

按规定,职业介绍机构负有审查责任,不仅要审查用人单位的合法性,还要审查用人单位招工信息的真实性。如果职业介绍机构提供虚假信息,应受到相应处罚,对当事人造成损害的,应承担赔偿责任。另外,求职者向职介所支付中介费后,与其形成了委托合同关系。在这一关系中,职介所负有"注意"的义务,包括核准用工单位营业执照等合法证件、提供符合求职者要求的信息等。

【相关法律】《劳动力市场管理规定》

第二十一条　禁止职业介绍机构有下列行为:

(1)超出核准的业务范围经营;

(2)提供虚假信息;

(3)超标准收费;

(4)介绍求职者从事法律、法规禁止从事的职业;

(5)为无合法证照的用人单位或者无合法身份证件的求职者进行职业介绍服务活动;

(6)以暴力、胁迫、欺诈等方式进行职业介绍活动;

(7)伪造、涂改、转让批准文件;

(8)职业介绍机构违反本规定第二十一条规定的,由劳动保障行政部门责令改正,并可处以10000元以下罚款;有违法所得的,可处以不超过违法所得3倍的罚款,但最高不得超过30000元;情节严重的,提请工商部门吊销其营业执照,或提请原登记管理机关办理撤销登记;对当事人造成损害的,应承担赔偿责任。

(三)毕业生违约及处理

1. 毕业生违约的表现主要有　毕业生不去签约单位报到,提出更换就业单位;同时与多家用人单位签约,从中取舍;向用人单位提供不真实材料,严重违反诚信原则等。

2. 就业协议的解除

(1)单方解除分为单方擅自解除和单方依法或依协议解除。单方擅自解除协议属违约行为,违约方应对另两方承担违约责任。单方依法或依协议解除是指一方依法或依协议解除就业协议,如用人单位必须具有从事各项经营或管理活动的能力,单位应有录用指标和录用自主权,否则毕业生也可以解除协议,此类解除方无需承担法律责任。

(2)双方解除是指毕业生、用人单位经协商一致取消原订立的协议,使协议不发生法律效力。此类解除应是双方当事人意见表示一致的体现,双方均不承担法律责任。

3. 办理解约的程序　就业协议签订后,因特殊原因,一方提出解约,须经过另两方同意后方能办理解约手续,办理解约的程序为:

(1)原签约单位出具解决的公函(简称退函),退函要注明解约的原因,以确认违约方的责任。

(2)毕业生持单位退函和原就业协议,到学校就业主管部门审核批准后,换发新的就业协议书。

4. 办理《报到证》的改派 毕业生与原用人单位解约后，与其他用人单位签订就业协议，需要持原《报到证》、就业协议到校毕业生管理部门，校审查合格后，在就业协议上签字盖章，在原《报到证》上填写改派意见，到省毕业生主管部门办理《报到证》的改派。

案例 5-2 小刚本科毕业后与某三甲医院签订就业协议，期限为 3 年，在医院体检中心工作，工作 2 年后，小刚经医院同意，报名参加硕士研究生考试，经初试成绩合格后参加复试，最终小刚被一所医学高校录取，但由于小刚去参加复试时没有及时跟医院移交工作，从而给医院造成了经济损失，为此医院以劳动合同未到期为由不肯放小刚去读研究生，小刚不服从医院决定，双方产生纠纷。

案例分析 在本案例中，该医院既然同意小刚报名参加研究生考试，就表明其同意以此方式解除劳动合同。但是，由于小刚没有处理好考试和工作的关系，没有及时移交自己的工作，给医院造成了一定损失，使得医院改变初衷，因此小刚是有过错的。但是，小刚的工作出现差错与医院依照约定解除劳动合同是两个不同的问题。对于这种情况，当事人双方应该协商，努力达成调解协议。该医院应当同意小刚解除劳动合同，并且及时将小刚的档案材料寄出，同时小刚没有妥善处理好工作交接，应赔偿给医院造成的损失。

第二节 劳动合同

一、劳动合同概念和种类

《中华人民共和国劳动合同法》(以下简称《劳动合同法》)明确规定了劳动合同的订立、履行和变更、解除和终止、监督检查、法律责任等。它是调整劳动合同双方当事人权利和义务关系的基本法律。《劳动合同法实施条例》是劳动合同法的配套法规。

(一) 劳动合同的概念

劳动合同是劳动者和用人单位(企业、事业、机关、团体等)之间关于确立、变更和终止劳动权利和义务关系的协议。

(二) 劳动合同的种类

《劳动合同法》规定：劳动合同分为固定期限劳动合同、无固定期限劳动合同和以完成一定工作任务为期限的劳动合同。

二、劳动合同的条款

劳动合同的条款是指劳动者与用人单位双方通过平等协商所确立的双方各自的权利和义务具体内容的条款，劳动合同条款可分为法定必备条款和约定必备条款。

(一) 法定必备条款

《劳动合同法》第十七条规定，劳动合同应当具备以下条款：用人单位的名称、住所和法定代表人或者主要负责人；劳动者的姓名、住址和居民身份证或者其他有效身份证件号码；劳动合同期限；工作内容和工作地点；工作时间和休息休假；劳动报酬；社会保险；劳动保护、劳动条件和职业危害防护；法律、法规规定应当纳入劳动合同的其他事项。

（二）约定必备条款

《劳动合同法》第十七条第二款还规定，劳动合同除前款规定的必备条款外，用人单位与劳动者可以约定试用期、培训、保守秘密、补充保险和福利待遇等其他事项。

三、劳动合同与就业协议的异同

毕业生在择业的过程中和就业后，先后与用人单位签订就业协议和劳动合同。两者既有联系，又有区别。

（一）两者的共同点

毕业生与用人单位签订的就业协议与劳动合同都具有法律效力，受我国有关法律的保护，任何一方违约，都要承担违约责任。

（二）两者的不同点

1. 主体范围不同　就业协议是专指高校毕业生与用人单位签订的工作协议；劳动合同则无此限制，既可以是高校毕业生，也可以是其他劳动者同用人单位签订合同。

2. 内容不同　就业协议是确定用人单位录用毕业生的书面协议，体现了双向选择的结果；劳动合同是明确劳动者与用人单位之间具体权利和义务的书面协议，一些具体条款应当体现在合同里。

3. 签订时间不同　大学生没有到用人单位报到前，还不是法律意义上的劳动者，只能同用人单位签订就业协议，大学毕业生到用人单位正式报到后，应该以一名劳动者的身份，同用人单位签订劳动合同。因此，签订就业协议书在先，签订劳动合同在后。

依据《劳动法》的规定，大学毕业生到用人单位报到后，应及时同用人单位签订劳动合同。有个别用人单位在辞退毕业生时，以没有签订劳动合同，不存在劳动关系为由，逃避应承担的责任。大学毕业生应明确：只要签订了就业协议，毕业生与用人单位的事实劳动关系已经确立，毕业生可以据此维护自己的权利。

四、订立劳动合同的原则

订立劳动合同的原则包括：

（1）平等自愿原则。

（2）协商一致原则。

（3）公平原则。

（4）诚实信用原则。

（5）合法原则。

订立劳动合同应当遵循合法原则，其基本要求是：①目的合法。当事人不得以合法形式掩盖非法目的。②主体合法，即双方当事人必须具备法律规定的主体资格。③内容合法。双方当事人在劳动合同中约定的权利、义务应当符合国家法律的规定。④形式合法。⑤程序合法。

五、订立劳动合同的程序

(一) 提出签订劳动合同的建议

在签订劳动合同前,一般由用人单位提出并草拟劳动合同草案,称为要约。接受提议是指一方接受建议并表示完全同意,称为承诺。

(二) 双方协商

双方当事人对已提出的劳动合同建议进行磋商、讨论。用人单位应向劳动者如实告知本单位的真实情况,以使毕业生能够对用人单位提出的劳动合同草案充分表达自己的意见。

(三) 双方签约

双方当事人意见一致后,用人单位的法定代表人和劳动者在合同书上签字、盖章,并注明日期。劳动合同经双方当事人签字、盖章生效,并报送劳动鉴定机关办理签订手续。

六、无效劳动合同

劳动者与用人单位订立违反劳动法律的合同为无效劳动合同。根据《劳动合同法》第二十六条规定,下列劳动合同无效或者部分无效:

(一) 以欺诈、胁迫的手段或者乘人之危,使对方在违背真实意思的情况下订立或者变更劳动合同;胁迫,当事人一方迫使对方屈服其压力,违反自己真实意思而签订合同。

1. 用人单位免除自己的法定责任、排除劳动者权利的劳动合同。

2. 违反法律、行政法规强制性规定的劳动合同。

案例 5-3 小明与某养殖场的劳动合同就要到期,因为小明是技术人员,所以成为众多同类企业的争抢对象。M 企业为了挖走小明,许诺说可以派其去该公司在北京的分公司工作,小明考虑到去北京工作可以得到更好的发展机会,于是在脱离原工作单位之后,与 M 企业签订了 3 年的劳动合同,同时约定如果小明违约应支付高额违约金。但是小明上班后,M 企业经理以种种理由推托,迟迟不安排小明赴北京工作,说已经安排了其他员工,小明只能去福州工作,并声称签合同后工作岗位由企业决定,应当服从企业的安排,如果小明要脱离企业,必须按合同支付违约金。小明不服,又无可奈何。后来听到辞职的老员工说 M 企业驻北京办事处因参与非法经营,已经被北京市某工商局撤销,小明顿时感到自己上当受骗,气愤之下,向当地劳动争议仲裁委员会申请仲裁。

案例分析 在本案例中,M 企业的北京分公司已经因非法经营被撤销,但是该企业在明知的情况下却仍以此作为广告内容进行招聘,不但在和小明协商订立合同时向小明隐瞒了这一真实情况,甚至以此作为诱饵进行欺骗,诱使小明与之签订了劳动合同。由于小明签订合同的前提是 M 企业在北京的分公司存在着,自己将会去北京工作。M 企业的行为属于欺诈行为,根据《劳动法》第二十六条规定,由此而订立的劳动合同是无效劳动合同。无效劳动合同不发生法律效力,对小明没有约束力,因而小明立即离开 M 企业也不是违约。所以,M 企业提出的小明违约要承担高额违约金的要求,没有合同依据和法律依据。相反,

M 企业故意欺骗对方签订了无效的劳动合同，确有过错，并给当事人小明造成了损失，因此，M 企业应当赔偿因欺诈行为给小明造成的经济损失。

【相关法律法规】

《劳动法》第二十六条

《中华人民共和国民法通则》

第一百一十一条　当事人一方不履行合同义务或者履行合同义务不符合约定条件的，另一方有权要求履行或者采取补救措施，并有权要求赔偿损失。

第一百一十二条　当事人一方违反合同的赔偿责任，应当相当于另一方因此所受到的损失。

七、劳动合同的形式

订立书面劳动合同是签订劳动合同的法定形式。

《劳动合同法》第十条规定："建立劳动关系，应当订立书面劳动合同。已建立劳动关系，未同时订立书面劳动合同的，应当自用工之日起一个月内订立书面劳动合同。"

《劳动合同法实施条例》规定："自用工之日起一个月内，经用人单位书面通知后，劳动者不与用人单位订立书面劳动合同的，用人单位应当书面通知劳动者终止劳动关系，无需向劳动者支付经济补偿，但是应当依法向劳动者支付其实际工作时间的劳动报酬。用人单位自用工之日起超过一个月不满一年未与劳动者订立书面劳动合同的，应当依照劳动合同法规定向劳动者每月支付两倍的工资，并与劳动者补订书面劳动合同；劳动者不与用人单位订立书面劳动合同的，用人单位应当书面通知劳动者终止劳动关系，并依照劳动合同法规定支付经济补偿。"

八、劳动合同变更、解除和终止

（一）劳动合同的变更

劳动合同依法订立后，即具有法律约束力，双方当事人必须履行合同义务，任何一方当事人不得擅自变更劳动合同的内容。但是在合同订立后或者履行过程中，由于客观条件的变化，可以变更劳动合同。《劳动合同法》第三十五条规定："用人单位与劳动者协商一致，可以变更劳动合同约定的内容。变更劳动合同，应当采用书面形式。"

（二）劳动合同的解除

劳动合同的解除分为法定解除与协议解除，双方解除与单方解除。

双方当事人协商解除劳动合同。《劳动合同法》第三十六条规定："用人单位与劳动者协商一致，可以解除劳动合同。"

（1）劳动者解除劳动合同。《劳动合同法》及《劳动合同法实施条例》规定，劳动者解除劳动合同的情形有：①劳动者提前三十日以书面形式通知用人单位，可以解除劳动合同；②劳动者在试用期内提前三日通知用人单位，可以解除劳动合同；③用人单位未按照劳动合同约定提供劳动保护或者劳动条件的；④用人单位未及时足额支付劳动报酬的；⑤用人单位未依法为劳动者缴纳社会保险费的；⑥用人单位的规章制度违反法律、法规的规定，损害劳动者权益的；⑦用人单位以欺诈、胁迫的手段或者乘人之危，使劳动者在违背真实意思的情况下订立或者变更劳动合同的；⑧用人单位在劳动合同中免除自己的法定责任、排除劳动者权利的;⑨用人单位违反法律、行政法规强制性规定的;⑩用人单位以暴力、威胁或者非法限制人身自由的手段强迫劳动者劳动的,或者用人单位违章指挥、强令冒险作业危及劳动者人身安全的,劳动者可以立即解除劳动合同,不需事先告知用人单位。

案例 5-4 李某与一家医药公司签订劳动合同,任药剂师,在劳动合同中约定服务期为 3 年,并约定如果乙方解除本协议应向甲方赔偿违约金,其标准为"违约金按照实际发生额偿付;乙方违约,每一年赔偿 3000 元,不足一年的按月计算"。工作一年后,该医药公司经营发生严重困难,基本处于停滞状态,财务状况处于严重亏损状态,从而导致 3 个月没有按时向员工支付工资。于是李某以医药公司不能按时发放工资、拖欠工资为由提出辞职。该医药公司认为李某在服务期内提出辞职,属于违约行为,应按照劳动合同的约定支付违约金,才能同意李某辞职并为其办理档案转移手续。

案例分析 在此案例中,医药公司确实存在没有按照约定向李某支付工资、拖欠工资的事实,李某可以随时提出解决劳动关系。根据《民法通则》公平责任的有关规定,双方当事人应对目前局面的产生共同承担不利后果,双方最终达成一致意见。在此案例中,如果该公司无故拖欠李某的工资,李某依此提出解除劳动关系,违约责任应完全由公司方负责,李某不应承担违约责任。

(2) 用人单位解除劳动合同。《劳动合同法》及《劳动合同法实施条例》规定:用人单位可以解除劳动合同的情形有:①劳动者在试用期间被证明不符合录用条件的;②劳动者严重违反用人单位的规章制度的;③劳动者严重失职,营私舞弊,给用人单位造成重大损害的;④劳动者同时与其他用人单位建立劳动关系,对完成本单位的工作任务造成严重影响,或者用人单位提出,拒不改正的;⑤劳动者以欺诈、胁迫的手段或者乘人之危,使用人单位在违背真实意思的情况下订立或者变更劳动合同的;⑥劳动者被依法追究刑事责任的;⑦劳动者患病或者非因工负伤,在规定的医疗期满后不能从事原工作,也不能从事由用人单位另行安排的工作的;⑧劳动者不能胜任工作,经过培训或者调整工作岗位,仍不能胜任工作的;⑨劳动合同订立时所依据的客观情况发生重大变化,致使劳动合同无法履行,经用人单位与劳动者协商,未能就变更劳动合同内容达成协议的;⑩用人单位依照企业破产法规定进行重整的;⑪用人单位生产经营发生严重困难的;⑫企业转产、重大技术革新或者经营方式调整,经变更劳动合同后,仍需裁减人员的。用人单位单方解除劳动合同,应当事先将理由通知工会。用人单位违反法律、行政法规规定或者劳动合同约定的,工会有权要求用人单位纠正。用人单位应当研究工会的意见,并将处理结果书面通知工会。

案例 5-5 某食品公司向社会招聘检验师一名,主要条件包括要求视力非常好、能够熟练操作检验仪器。晓峰学历高,符合应聘条件,但是视力并不好,通过在医院工作的朋友开具一份假的视力证明前去应聘,顺利得到了该份工作,与该食品公司签订了为期 3 年的劳动合同,试用期 3 个月。试用期内晓峰表现一般,偶有差错,单位认为是不熟悉业务的缘故,顺利为其转正。在此后的工作中,晓峰经常出现差错,甚至影响到企业的工作,该食品公司认为晓峰不能胜任本职工作,有人举报晓峰视力证明有假,单位于是带晓峰去医院检查,结果证明晓峰视力非常差,根本无法顺利完成现任工作。于是食品公司决定解除与晓峰的劳动合同,晓峰不服,向当地劳动争议仲裁委员会申请仲裁,要求维持劳动关系,继续履行合同。

案例分析　在本案例中，晓峰明知道自己的视力不符合食品公司的录用条件，却出具虚假证明，借此得到该份工作，是故意掩盖真实情况，使食品公司受到欺骗，是一种欺骗行为，属于《劳动法》规定的“采取欺诈、威胁等手段订立劳动合同”。因此，该劳动合同是无效的。对于无效的劳动合同，用人单位不受合同的约束，可以解雇晓峰。因此，晓峰的请求不能得到支持，他不能请求继续履行合同。

（3）用人单位应提前通知劳动者解除劳动合同的情况。《劳动合同法》第四十条规定：有下列情形之一的，用人单位提前三十日以书面形式通知劳动者本人或者额外支付劳动者一个月工资后，可以解除劳动合同：①劳动者患病或者非因公负伤，在规定的医疗期满后不能从事原工作，也不能从事由用人单位另行安排的工作的；②劳动者不能胜任工作，经过培训或者调整工作岗位，仍不能胜任工作的；③劳动合同订立时所依据的客观情况发生重大变化，致使劳动合同无法履行，经用人单位与劳动者协商，未能就变更劳动合同内容达成协议的；④由于经济性裁减人员，用人单位按照法定程序与被裁减人员解除劳动合同。

（4）用人单位不得解除劳动合同的情形。《劳动合同法》第四十二条规定，劳动者有下列情形之一的，用人单位不得解除劳动合同：①从事解除职业病危害作业的劳动者未进行离岗前职业健康检查，或者疑似职业病病人在诊断或者医学观察期间的；②在本单位患职业病因工负伤并被确认丧失部分劳动能力的；③患病或者因工负伤，在规定的医疗期间内的；④女职工在孕期、产期、哺乳期的；⑤在本单位连续工作满十五年，且距法定退休年龄不足五年的；⑥法律、行政法规规定的其他情形。

（三）劳动合同的终止

劳动合同期满或者当事人约定的劳动合同终止条件出现，劳动合同即行终止。依据《劳动合同法》第四十四条规定，劳动合同终止的情形有：①劳动合同期满的；②劳动者开始依法享受基本养老保险待遇的；③劳动者死亡，或者被人民法院宣告死亡或者宣告失踪的；④用人单位被依法宣告破产的；⑤用人单位被吊销营业执照、责令关闭、撤销或者用人单位决定提前解散的；⑥法律、行政法规规定的其他情形。

第三节　就业法律制度

《中华人民共和国宪法》第四十二条规定：中华人民共和国公民有劳动的权利和义务。国家通过各种途径，创造劳动就业条件，加强劳动保护，改善劳动条件，并在发展生产的基础上，提高劳动报酬和福利待遇。劳动是一切有劳动能力的公民的光荣责任。

一、劳动者的权利和义务

（一）劳动者的主要权利

劳动法是以维护劳动者的合法权益为目的，调整用人单位和劳动者之间、政府与用人单位之间、政府和劳动者之间为实现和保障社会劳动过程而产生的权利义务关系的法律规范的总和。我国公民既有劳动的权利，同时又有劳动的义务。劳动权利是我国《宪法》明确规定的公民的基本权利之一，公民的劳动权利主要包括以下几个方面：

1. 平等就业的权利　平等就业的权利主要有三层含义：①任何公民都有平等就业的权

利和资格，不因民族、种族、性别、年龄、文化、宗教信仰、经济能力而受到限制。②在应聘某一职位时，任何公民都需要平等地参与竞争职位，任何人不得享受特权，不得对任何人予以歧视。③平等不等于同等，平等是对于符合职位条件的人，而不是不论条件如何都同等对待。第十三条规定："妇女享有与男子平等的就业权利。在录用职工时，除国家规定的不适合妇女的工种或者岗位外，不得以性别为由拒绝录用妇女或者提高对妇女的录用标准。"

2. 选择职业的权利 劳动者选择职业的权利，是指劳动者根据自己意愿选择合适自己的职业。《劳动合同法》明确规定，订立劳动合同，应当遵循合法、公平、平等自愿、协商一致、诚实信用的原则。任何单位和个人都不能强迫劳动者签订违背自己意志的劳动合同。第二十六条规定：以欺诈、胁迫的手段或者乘人之危，使对方在违背真实意思的情况下订立或者变更劳动合同的；用人单位免除自己的法定责任、排除劳动者权利的；违反法律、行政法规强制性规定的劳动合同无效。

3. 取得劳动报酬的权利 《劳动合同法》第三十条明确规定，用人单位应当按照劳动合同约定和国家规定，向劳动者及时足额支付劳动报酬。

4. 享有休息休假的权利 我国宪法规定，劳动者有休息的权利。国家发展劳动者休息和休养的设施，规定职工的工作时间和休假制度。《劳动合同法》第三十一条规定，用人单位应当严格执行劳动定额标准，不得强迫或者变相强迫劳动者加班。用人单位安排加班的，应该按照国家规定向劳动者支付加班费。《国务院关于修改〈全国年节及纪念日放假办法〉的决定》规定自 2008 年 1 月 1 日起施行新的放假制度：元旦放假 3 天；春节放假 7 天；清明节放假 3 天；"五一"国际劳动节放假 3 天；端午节放假 3 天；中秋节放假 3 天；国庆节放假 7 天。劳动者在休息日和法定休假日及婚丧假期间，用人单位应当依法支付工资。

5. 获得劳动安全卫生保护的权利 劳动安全卫生保护是保护劳动者的生命安全和身体健康，是对享受劳动权利的主体切身利益最直接的保护。《劳动合同法》第三十二条规定，劳动者拒绝用人单位管理人员违章指挥、强令冒险作业的，不视为违反劳动合同。《劳动法》第五十二条规定："用人单位必须建立、健全劳动安全卫生制度，严格执行国家劳动安全卫生规章程序和标准，对劳动者进行劳动安全教育，防止劳动过程中的事故，减少职业危害。"劳动者对危害生命安全和身体健康的劳动条件，有权对用人单位提出批评、检举和控告。

6. 接受职业技能培训的权利 职业技能培训是对准备就业人员和已经就业职工，以培养或提高基本职业技能为目的而进行的技术业务知识和实际操作技能教育和训练。

7. 享受社会保险和福利的权利 社会保险是国家和用人单位依照法律规定或合同约定，对具有劳动关系的劳动者在暂时或永久丧失劳动能力以及暂时失业时，为保证其生活需要而给予物质帮助的一种社会保障制度。

8. 提请劳动争议处理的权利 劳动关系当事人作为劳动关系的主体，各自存在着不同的利益，双方不可避免地产生分歧。用人单位与劳动者发生劳动争议，劳动者可以依法申请调解、仲裁，提起诉讼。

案例 5-6 小欧大学毕业后与某畜牧公司签订了为期 2 年的劳动合同，做饲养员工作。合同期间发给小欧 2500 元基本工资，奖金另计。工作期间，单位曾派小欧到某培训机构进行为期 2 个月的短期专业培训，并支付了 3000 元培训费。劳动合同到期以后，小欧要求终止劳动合同，该畜牧公司不同意小欧的要求，并要求小欧与单位续订劳动合同，小欧不同意，该公司要求小欧缴纳其在培训机构所花费的培训费 3000 元，否则将拒绝办理解除劳动关系的相关手续。小欧到该公司所在地的劳动争议仲裁委员会申诉,要求终止与某畜牧公司的劳动合同,并且办理解除劳动关系手续,提供一定数额的生活补助费。劳动争议仲裁委员会受案后,经过调查,小欧申诉的事实基本属实。认定劳资双方当事人订立有期限的劳动合同期满后,小欧不愿意续订劳动合同是合法的,某公司强迫劳动者续订劳动合同的做法与国家劳动相关的法律、法规、政策相违背。劳动争议仲裁委员会作出裁决:小欧与某公司的劳动合同自到期之日起终止;某公司支付小欧终止劳动合同的生活补偿费。

案例分析　本案例中,某公司不同意小欧终止劳动合同的要求、并拒绝办理相应的解除劳动关系手续的行为,阻碍了小欧的自由择业,已经违反了《劳动法》的相关规定,侵犯了小欧的自由择业权。合同期满,意味着劳动者与该公司的劳动权利义务关系终结,劳动者有权选择其职业,某公司不能以强制性的方式要求与劳动者续订劳动合同。《劳动法》第六十八条规定,对劳动者进行必要的职业技术培训,是用人单位不可推卸的一项法定义务。某公司必须对劳动者进行有计划的职业培训,并且规定从事技术工种的劳动者,上岗前必须经过培训。小欧是某公司的员工,其工作性质属于技术工种,因此该公司有义务对其进行必要的培训。

【相关法律法规】

《劳动法》第十七条　订立和变更劳动合同,应当遵循平等自愿、协商一致的原则,不得违反法律、行政法规的规定。劳动合同依法订立即具有法律约束力,当事人必须履行劳动合同规定的义务。

第十八条　下列劳动合同无效:

(1) 违反法律、行政法规的劳动合同;

(2) 采取欺诈、威胁等手段订立的劳动合同。

第九十一条　用人单位有下列侵害劳动者合法权益情形之一的,由劳动行政部门责令支付劳动者的工资报酬、经济补偿,并可以责令支付赔偿金:

(1) 克扣或者无故拖欠劳动者工资的;

(2) 拒不支付劳动者延长工作时间工资报酬的;

(3) 低于当地最低工资标准支付劳动者工资的;

(4) 解除劳动合同后,未按照本法规定给予劳动者经济补偿的。

(二) 劳动者的主要义务

劳动者在行使法定权利的同时,也应履行法定义务。

1. 诚信义务　在签订劳动合同时,劳动者有义务就其与劳动合同直接相关的基本情况,向用人单位如实说明。

2. 守法义务　劳动合同法是规范劳动合同双方当事人行为的法律。劳动者作为劳动合同的一方,应当遵守法律的规定和双方的约定。劳动者有违法或者违约行为的,应当依法承担法律责任。

3. 完成劳动任务的义务　这是劳动关系范围内的法定的义务,同时也是强制性义务。劳动者不能完成劳动义务,就意味着劳动者违反劳动合同的约定,用人单位可以解除劳动合同。

4. 劳动者的其他义务　其他义务包括劳动者应提高职业技能、执行劳动安全卫生规程,遵守劳动纪律和职业道德的义务。

二、违反劳动合同法的法律责任

（一）用人单位的法律责任

依照《劳动合同法》及《劳动合同法实施条例》的规定，用人单位的法律责任主要是：

（1）用人单位的规章制度违反法律、法规规定的；提供的劳动合同文本未载明《劳动合同法》规定的劳动合同必备条款或者用人单位未将劳动合同文本交付劳动者的，由劳动行政部门责令改正；给劳动者造成损害的，应当承担赔偿责任。

（2）用人单位自用工之日起超过一个月不满一年未与劳动者订立书面劳动合同的，违反劳动合同法规定不与劳动者订立无固定期限劳动合同的，应当向劳动者每月支付两倍的工资。

（3）用人单位违反劳动合同法规定与劳动者约定试用期的，由劳动行政部门责令改正；违法约定的试用期已经履行的，由用人单位按已经履行的超过法定试用期的期间向劳动者支付赔偿金。

（4）用人单位扣押劳动者居民身份证等证件的，由劳动行政部门责令限期退还劳动者本人，并依照有关法律规定给予处罚。

（5）用人单位有下列情形之一的，由劳动行政部门责令限期支付劳动报酬、加班费或者经济补偿；劳动报酬低于当地最低工资标准的，应当支付其差额部分；逾期不支付的，责令用人单位按应付金额百分之五十以上百分之一百以下的标准向劳动者加付赔偿金：①未按照劳动合同的约定或者国家规定及时足额支付劳动者劳动报酬的；②低于当地最低工资标准支付劳动者工资的；③安排加班不支付加班费的；④解除或终止劳动合同，未依照本法规定向劳动者支付经济补偿的。用人单位违反劳动合同法规解除或者终止劳动合同的，应当依照经济补偿标准的两倍向劳动者支付赔偿金。

1）用人单位有下列情形之一的，依法给予行政处罚；构成犯罪的，依法追究刑事责任；给劳动者造成损害的，应当承担赔偿责任：①以暴力、威胁或者非法限制人身自由的手段强迫劳动的；②违章指挥或者强令冒险作业危及劳动者人身安全的；③侮辱、体罚、殴打、非法搜查或者拘禁劳动者的；④劳动条件恶劣、环境污染严重，给劳动者身心健康造成严重损害的。

2）用人单位违反劳动合同法有关建立职工名册规定的，由劳动行政部门责令限期改正；逾期不改正的，由劳动行政部门处两千元以上两万元以下的罚款。

3）用人单位招用与其他用人单位尚未解除或者终止劳动合同的劳动者，给其他用人单位造成损害的，应当承担连带赔偿责任。

案例 5-7 张某大学毕业后到一家私立口腔医院任职，当时没有谈好试用期，但是要签劳动合同、调档、上各种保险。医院和她办理了相关的手续后，并没有按照约定签订劳动合同，张某多次跟院长谈签合同的事，院长以各种理由推托。张某工作 7 个月后，院长找她谈话，以医院发展方向转变为借口将她辞退，并让她交接工作。张某提出医院应该按照《中华人民共和国劳动法》的规定给予自己经济补偿，但被该医院拒绝。之后又得知医院未给自己上任何保险。因此，张某向劳动者争议仲裁委员会申请仲裁，要求医院补上劳动保险并支付一个月工资的经济补偿。但是医院却提出，她还在试用期，并且是她自己提出的辞职，所以不同意她的要求。而张某除了 7 个月的工资单外，也没有其他证据，后来仲裁部门要她提供与院长有关辞退谈话的直接证据。

案例分析　张某完全可以要求该私立医院补偿一个月的工资。如果医院没有提前一个月通知解除合同,还可以要求在补偿一个月的工资。至于要张某提供医院的有关证明,作为个人是很难做到的,张某可以要求医院提供否定的证明。员工提出辞职必须有书面申请,医院说张某是辞职,张某可以要求医院提供她辞职的书面申请。如果医院没有将张某辞退,那么张某可以要求医院与其签订合同。用人单位和张某没有签订书面劳动合同,但张某已成为用人单位一员,身份上具有从属关系,双方确已形成了劳动义务关系。根据如下:

(1) 劳动者已实际付出劳动并从用人单位取得劳动报酬;

(2) 用人单位对劳动者实施了管理、指挥、监督的职能;

(3) 劳动者必须接受用人单位劳动纪律和规章制度的约束。

按照《劳动法》的规定,建立劳动关系应当签订劳动合同。如果企业未按规定与员工签订劳动合同,但员工已履行了劳动义务,可视为双方当事人具有事实劳动关系。事实劳动关系受法律保护。如果发生劳动争议符合受理条件,劳动争议仲裁委员会应当受理。

【相关法律法规】《关于贯彻执行〈中华人民共和国劳动法〉若干问题的意见》

第二条　中国境内的企业、个体经济组织与劳动者之间,只要形成劳动关系,即劳动者事实上已成为企业、个体经济组织的成员,并为其提供有偿劳动,适用劳动法。

第八十二条　用人单位与劳动者发生劳动争议不论是否订立劳动合同,只要存在事实劳动关系,并符合劳动法的适用范围和《中华人民共和国企业劳动争议处理条件》的受案范围,劳动争议仲裁委员会均应受理。

《关于印发〈违反和解除劳动合同的经济补偿办法〉的通知》

第五条　经劳动合同当事人协商一致,由用人单位解除劳动合同的,用人单位应根据劳动者在本单位工作年限,每满一年发给相当于一个月的经济补偿金,最多不超过十二个月。时间不满一年的,按一年的标准发给经济补偿金。

第九条　用人单位濒临破产进行法定整顿期间或者生产经营状况发生严重困难,必须裁减人员的,用人单位按被裁减人员在本单位工作的年限支付经济补偿金。在本单位工作的时间每满一年,发给相当于一个月工资的经济补偿金。

第十条　用人单位解除劳动合同后,未按规定发给劳动者经济补偿金的,除全额发给经济补偿金外,还须按该经济补偿金数额的百分之五十支付额外经济补偿金。

(二) 劳动者的法律责任

《劳动合同法》规定:①劳动者违反与用人单位约定的服务期和竞业限制协议的,应按约向用人单位支付违约金;②劳动者违反劳动合同法的规定解除劳动合同,或者劳动合同中约定的保密义务或者竞业限制,给用人单位造成损失的,应当承担赔偿责任;③劳动者与原用人单位尚未解除或者终止劳动合同,又与其他用人单位建立劳动关系,给原用人单位造成损失的,由劳动者与其他用人单位承担连带赔偿责任。

案例 5-8　晓锋大学毕业后,应聘到某保险公司,担任业务经理,双方签订就业协议书,协议期限为 2 年。协议书中约定"因本工作带有商业保密性质,无论员工解聘或离职,半年内不得从事涉及保险经营等活动",但其中没有对违约责任和竞业禁止的相关补偿进行约定。一年以后,晓峰以身体不适、难以继续工作为由向公司提出辞职。在办理离职手续过程中,该保险公司没有向晓峰支付竞业禁止的补偿费用。不久,保险公司发现晓峰在自己竞争对手公司中担任业务经理。该公司以晓峰"违反了双方关于竞业禁止的约定,会泄露公司的客户资源秘密,并有可能给公司造成巨大的经济损失"为由向劳动争议仲裁委员会提出申诉,要求晓峰立即停止在竞争对手公司的工作。劳动争议仲裁委员会驳回保险公司的申诉请求。

案例分析 竞争是当代社会的主题,没有竞争就没有发展。伴随竞争而来的除了无限的发展和机遇,还有劳动者的频繁流动。竞业禁止或称竞业限制就是在这种条件下孕育而生的。竞业禁止是指:为了避免用人单位的商业秘密被侵犯,劳动者依法或依约在劳动关系存续期间或劳动关系结束后的一定期间内不得到生产同类产品或经营同类业务且具有竞争关系的其他用人单位兼职或任职,也不得自己生产与原单位有竞争关系的同类产品或经营同类业务。在本案例中,晓峰"跳槽"的行为确实有悖于双方当初关于"无论员工解聘或离职,半年内不得从事保险经营等活动"的约定。不过,晓峰作为劳动者,在履行竞业禁止义务的同时也应当享有获得经济补偿的权利,但是用人单位在双方工作协议中恰恰忽视了对于经济补偿内容及数额方面的约定,在晓峰离职过程中也没有按照上述规定给予其因为遵守竞业禁止协议而给予的相应经济补偿。因此,仲裁委员会认为双方对于竞业禁止的约定内容与国家相关规定有相悖之处,同时也违反了权利义务对等的原则,有失公平。由于用人单位在制定竞业禁止条款时出现的纰漏,而导致即使出现了劳动者违反协议约定,也无法要求其按约定承担相应义务的情形。

【相关法律法规】《关于企业员工流动若干问题的通知》

第二条 用人单位也可以规定掌握商业秘密的员工在终止或解除劳动合同后的一定期限内,不得到生产同类产品或经营同类业务且有竞争关系的其他用人单位任职,也不得自己生产与原单位有竞争关系的同类产品或经营同类业务,但用人单位应当给予该员工一定数额的经济补偿。

三、社会保险制度

(一)社会保障的概念及功能

社会保险是国家通过立法强制征集专门资金,用于为保障劳动者在丧失劳动能力或者丧失劳动机会时提供基本生活需求的一种物质帮助制度,它既是保证劳动力再生产的必要条件,也是提高劳动生产率、均衡企业负担的有利因素。同时,它也为企业改善经营管理和搞好劳动保护工作提出了统一的规范,为解决一系列社会问题创造了条件。

(二)社会保险的种类及内容

根据我国《宪法》和《劳动法》及有关社会保障法规的规定,我国当前实施的社会保险制度主要包括五种社会保险和住房公积金,简称"五险一金"制度。

1. 养老保险制度 养老保险是通过在劳动者工作期间,由劳动者和用人单位缴纳一定的社会保险费用,在劳动者退休以后,有社会保险机构定期支付养老金,以保障劳动者的基本生活。我国对养老保险制度的规定及相关改革内容有:《国务院关于企业职工养老保险制度改革的决定》、《国务院关于完善企业职工基本养老保险制度的决定》等。

2. 医疗保险制度　医疗保险是劳动者在患病时依法得到物质帮助的社会保险制度。通过在劳动者工作期间,由劳动者和用人单位缴纳一定的社会保险费用,在劳动者患病时,由社会保险机构承担一定的费用。目前我国对养老保险制度的规定及相关改革内容可参见《关于建立城镇职工基本医疗保险制度的决定》。

3. 失业保险制度　劳动者可能因各种原因暂时失去工作岗位,丧失收入来源。失业保险制度通过由劳动者和用人单位缴纳一定的社会保险费用,保证劳动者失业后仍然可以从社会保险机构获得一定的收入以维持基本生活。我国相关的规定有:《失业保险条例》、《关于事业单位参加失业保险有关问题的通知》。

4. 工伤保险制度　工伤保险是向法定范围的劳动者补偿其因职业伤病而导致的全部经济损失,包括预防、治疗、护理、康复和疗养的费用,以及在收入当面保证其生活水平不至于因职业伤病下降的社会保险项目。目前我国关于工伤保险的规定有:《工伤保险条例》、《关于实施〈工伤保险条例〉若干问题的意见》、《关于农民工参加工伤保险有管问题的通知》。

5. 生育保险制度　生育保险是向法律规定范围内的劳动者,尤其是妇女部分或全部提供怀孕、生产、哺育期间的医护费用,保证产假和哺育期间的经济来源,使其不至于因生育而导致基本生活需求没有保障的社会保险项目。我国的相关规定有:《关于发布〈企业职工生育保险制度试行办法〉的通知》。

6. 住房公积金制度　用人单位应根据国家《住房公积金管理条例》为职工办理住房公积金。住房公积金是用于职工购买、建造、翻建、大修自住住房使用。单位录用职工的,应当自录用之日起30日内到住房公积金管理中心办理缴存登记。

案例5-9　王某大学毕业后与用人单位签订了一份为期2年的劳动合同。合同约定,王某的年薪为6万元,年薪同时包括了所有国家规定的各类补助、养老保险费、医疗保险、失业保险、交通补助等。由王某自行办理商业养老保险。由于王某不懂相关法律法规,对此表示同意,劳动合同到期后双方协商解除劳动合同。不久,王某到劳动保障部门咨询养老保险同时也办理失业保险,劳动保障部门工作人员告诉他这些保险都要由劳动者所在单位办理,于是王某向以前工作单位的人事部门询问,人事部门经理称,双方在签订劳动合同时已明确约定,工资已经包括了养老保险费、医疗保险费、失业保险费,由王某自行负责办理商业养老保险,企业不再付其他保险费用,所以王某的要求不合理,王某申诉到当地劳动争议仲裁委员会,要求公司按规定补缴养老保险费、医疗保险费、失业保险费。

案例分析　本案例中,该企业未按法律法规的规定在成立起30日内到社会保障机构办理社会保险登记,其不为职工缴纳基本养老保险费、医疗保险费、失业保险费的做法是违法行为。该企业以双方约定的工资已经包括养老保险费等为由开脱责任,是不符合我国法律规定的。因此,该企业应为王某补缴养老保险费、医疗保险费、失业保险费等基本保险费。依据我国法律的规定,用人单位和劳动者必须参加社会保险,即参加养老保险、疾病保险、失业保险、工伤保险、生育保险。用人单位无故不缴纳社会保险费的,由劳动行政部门责令其限期缴纳;逾期不缴纳的,可以加收滞纳金。

第四节　就业权益保护

近年来,由于大学生法律意识不强,法律知识淡薄,就业时争议发生的几率逐年增加,就业权益屡受侵犯，大学毕业生要学会用法律的武器保护自己，维护自己的合法就业权益。就业协议争议的解决办法主要有：

（1）毕业生与用人单位协商解决。当违约责任在毕业生一方时，毕业生应积极、诚恳地与用人单位沟通、说明情况，以坦诚、真挚的道歉说服用人单位，以赢得用人单位的理解和谅解，在此基础上，经双方协商达成新的意向。

（2）学校或当地毕业生就业主管部门与用人单位协调。此法多用于因用人单位原因引起的争执。毕业生势单力薄，处于就业市场弱势地位，同用人单位交涉难度较大。由学校及其上级部门领导和专家出面调解，往往可以取得令人满意的效果。

（3）对于协商、调解无效的，毕业生可以在法定期限内直接向有管辖权的当地人民法院起诉，由人民法院依法裁决。

一、劳动争议处理办法

（一）劳动争议的概念

劳动争议是指劳动关系双方当事人因劳动权利与义务引起的纠纷。2008 年 5 月 1 日施行的《中华人民共和国劳动争议调解仲裁法》是处理劳动争议的基本法律制度。

（二）劳动争议的处理范围

劳动争议处理的范围包括：因确认劳动关系发生的争议；因订立、履行、变更、解除和终止劳动合同发生的争议；因除名、辞退和辞职、离职发生的争议；因工作时间、休息休假、社会保险、福利、培训以及劳动保护发生的争议；因劳动报酬、工伤医疗费、经济补偿或者赔偿金等发生的争议；法律、法规规定的其他劳动争议。

（三）我国劳动争议的处理机构

根据《劳动争议调解仲裁法》规定，我国目前处理劳动争议的机构为企业劳动争议调解委员会，依法设立的基层人民调解组织，在乡镇、街道设立的具有劳动争议调解职能的组织，地方劳动争议仲裁委员会和地方人民法院。

（四）劳动争议的处理程序

发生劳动争议，劳动者可以与用人单位协商，也可以请工会或者第三方共同与用人单位协商，达成和解协议。如果当事人不愿协商、协商不成或者达成和解协议后不履行的，可以向调解组织申请调解；不愿调解、调解不成或者达成调解协议后不履行的，可以向劳动争议仲裁委员会申请仲裁；对仲裁裁决不服的，除追索劳动报酬、工伤医疗费、经济补偿或者赔偿金，不超过当地月最低工资标准十二个月金额的争议外，其他争议可以向人民法院提起诉讼。

二、毕业生就业过程中权益的法律保护

（一）民法与权益保护

民法的平等、自愿、公平和等价有偿原则与诚实信用原则，对毕业生保护自身的就业权

益有着重要意义。

1. 反对职业歧视,保护自身权益　依照我国民法的有关规定,大学毕业生同用人单位作为民事主体,具有平等的法律地位,享有平等的民事权利,平等协商、双向选择。但面对当今毕业生就业的“买方市场”,毕业生作为市场中的弱势群体,在双向选择中常常会处于不平等的地位。一些用人单位置法律于不顾,制定一些不合理的内部规章来约束毕业生就业,造成对毕业生的职业歧视、身高歧视、学历歧视等职业歧视。大学毕业生有权要求用人单位转变观念,停止就业歧视行为。

2. 认证主体资格,保护自身权益　我国民法规定的民事法律关系主体主要有公民和法人。公民包括个体工商户、农村承包户;法人包括企业法人、机关、事业单位和社团法人。大学毕业生选择法人单位就业,应了解法人的主体资格。法人是具有民事权利能力和民事行为能力,依法独立享有民事权利和承担民事义务的组织。法人的条件有:第一,依法成立;第二,有必要的财产和经费;第三,有自己的名称、组织机构和场所;第四,能够以自己的名义参加民事活动,承担民事责任。

3. 追究民事责任,保护自身利益　民事责任是民事违法行为人必须承担的法律后果。在毕业生就业过程中,常存在用人单位中途违约、取消被录用者的录用行为;毕业生到单位报到,单位拒绝接受;单位接受毕业生报到后没有按约定给予相应的待遇;用人单位将毕业生个人的知识产权据为己有;对毕业生依法维护权益的行为进行人身攻击等情况。毕业生的合法权利,不仅受到宪法、刑法、行政法等法律的保护,而且其民事权利还受到民法的保护,毕业生在就业过程中自身民法权益受到侵害,有权追究用人单位的民法责任。

(二) 劳动法及劳动合同法与权益保护

《劳动法》和《劳动合同法》是大学生就业过程中的重要法律,大学生应善于运用劳动法律赋予劳动者的各项权利,保护自身权益。

1. 订立劳动合同的相关内容　《劳动合同法》第十条的规定:“建立劳动关系,应当订立书面劳动合同。已建立劳动关系,未同时订立书面劳动合同的,应当自用工之日起一个月内订立书面劳动合同。用人单位与劳动者在用工前订立劳动合同的,劳动关系自用工之日起一个月内订立书面劳动合同。用人单位与劳动者在用工前订立劳动合同的,劳动关系自用工之日起建立。”第三条规定“订立劳动合同,应当遵循合法、公平、平等自愿、协商一致、诚实信用的原则。”第二十六条规定:以欺诈、胁迫的手段或者乘人之危,使对方在违背真实意思的情况下订立或者变更劳动合同的;用人单位免除自己的法定责任、排除劳动者权利的;违反法律、行政法规强制性规定的劳动合同无效。

2. 关于延长工时的报酬支付问题　《劳动合同法》第三十条关于劳动报酬方面问题也规定:“用人单位应当按照劳动合同约定和国家规定,向劳动者及时足额支付劳动报酬。”劳动者可以要求用人单位必须按下列标准支付高于劳动者正常工作时间工资的工资报酬:“安排劳动者延长工作时间的,支付不低于工资的150%的工资报酬;休息日安排劳动者工作又不能安排补休的,支付不低于工资的200%的工资报酬;法定休假日安排劳动者工作的,支付不低于工资的300%的工资报酬。”

3. 关于工资、劳动安全卫生、女职工特殊保护、社会保险和福利

(1)《劳动法》规定,用人单位必须以货币形式按月支付劳动者工资,不得克扣或无故拖欠;劳动者在休息日和法定休假日及婚丧假期间,用人单位应当依法支付工资。

(2) 用人单位必须依法保护劳动者的安全和健康。《劳动法》第五十二条规定:"用人单位必须建立、健全劳动安全卫生制度,严格执行国家劳动安全卫生规章程序和标准,对劳动者进行劳动安全教育,防止劳动过程中的事故,减少职业危害。"

(3) 女职工的特殊保护。《劳动法》和《女职工禁忌劳动范围的规定》明确了女职工禁忌从事的劳动。任何单位不得以结婚、怀孕、产假、哺乳等为辞退女职工或者单方面解除劳动合同。《劳动法》还对女职工的经期、孕期、产期、哺乳期等做出了各项保护规定。

案例 5-10 小敏为某保险公司的女职工,怀孕后到当地妇产科医院进行产前检查,医生根据小敏的身体情况,建议用人单位减轻小敏的劳动强度。小敏持医院证明到人事部要求给予调换劳动强度较轻的工作。人事部主管当场拒绝,并告知双方签署的合同中明确规定,员工必须无条件遵守《员工手册》。《员工手册》又明确规定,女员工怀孕,劳动关系自动解除。之后,该公司正式解除小敏与公司的劳动关系。小敏不服,向当地的劳动争议仲裁委员会提出申诉,要求公司履行原合同,安排小敏从事其他较轻的工作并给予相应的待遇。

案例分析 在本案例中,用人单位的内部《员工手册》的规定违反了我国法律相关规定,因此是违法的、无效的。当地的劳动争议仲裁委员会应裁决维持小敏与公司的劳动合同,并由该公司另行安排小敏工作。本例涉及女员工怀孕期间解除劳动合同而引起的纠纷。

劳动合同期限是由用人单位与劳动者协商确定,劳动合同期满,应即终止执行,但当事人续签或法律另有规定的除外。如果在妇女怀孕、生产、哺乳期内劳动合同期限界满自行终止,则用人单位将会拒绝续签合同,其他单位也不会招用孕产期妇女,其结果与我国保护妇女、儿童权益的宪法原则相抵触。因此,有关法律规定,在女员工怀孕期间,劳动合同的期限届满,用人单位不能终止劳动合同,劳动合同的期限应当自动延续到哺乳期满。

【相关法律法规】

《妇女权益保障法》第二十六条 任何单位不得以结婚、怀孕、产假、哺乳等为由辞退女员工或单方解除劳动合同。

《关于贯彻执行〈中华人民共和国劳动法〉若干问题的意见》第三十四条 除劳动法第二十五条规定的情形外,劳动者在医疗期、孕期、产期和哺乳期内,劳动合同期限届满时,用人单位不得终止劳动合同。劳动合同的期限应自动延续到医疗期、孕期、产期和哺乳期满为止。

(三) 就业促进法对毕业生就业权益的保护

《中华人民共和国就业促进法》对于促进包括大学毕业生在内的劳动者就业,实施积极的就业政策提供了法律保障,按照促进就业的要求,规定了有利于促进就业的产业政策、财政政策;税收政策;金融政策;施行城乡统筹的就业政策、区域统筹的就业政策;群体统筹的就业政策;有利于灵活就业的劳动和社会保险政策;就业援助制度;失业保险促进就业政策等十个方面政策支持的法律内容。

1. 明确规定了维护公平就业 《就业促进法》对公平就业做了七个方面规定。

2. 明确政府维护公平就业的责任 各级人民政府应当创造公平就业的环境,消除就业歧视,并制定政策和采取措施对就业困难人员给予扶持和援助。

3. 规定用人单位招用人员、职业中介机构从事职业中介活动,应当向劳动者提供平等的就业机会和公平的就业条件,不得实施就业歧视。

4. 保障妇女享有与男子平等的劳动权利 用人单位招用人员,除国家规定的不适合妇女的工种或者岗位外，不得以性别为由拒绝录用妇女或者提高对妇女的录用标准。

5. 保障各民族劳动者享有平等的劳动权利　用人单位招用人员，应当依法对少数民族劳动者给予适当照顾。

6. 保障残疾人的劳动权利　各级人民政府应当为残疾人创造就业条件。用人单位招用人员，不得歧视残疾人。

7. 保障传染病病原携带者的平等就业权　规定用人单位招用人员，不得以是传染病病原携带者为由拒绝录用。同时对其不能从事的工作作了法律限制。

8. 规定了劳动者受到就业歧视时的法律救济途径　违反本法规定，实施就业歧视的，劳动者可以向人民法院提起诉讼。

9. 政府积极实施就业援助　《就业促进法》明确规定各级人民政府建立健全就业援助制度。

10. 特别规定了对城市零就业家庭的就业援助　县级以上地方人民政府采取多种就业形式，拓宽公益性岗位范围，开发就业岗位，确保城市有就业需求的家庭至少有一人实现就业。规定了对就业压力大的特定地区的扶持国家鼓励资源开采型城市和独立工矿区发展与市场需求相适应的产业，引导劳动者转移就业。对因资源枯竭或者经济结构调整等原因造成就业困难人员集中的地区，上级人民政府应当给予必要的扶持和帮助。

（四）毕业生就业过程中权益保护的途径

1. 各级政府毕业生就业主管部门的保护　毕业生就业主管部门通过制定有关规则来保护毕业生的权益，并依据国家的政策、法律、法规对侵犯毕业生合法权益的行为予以处理。如对签订侵害毕业生权益的就业协议，省毕业生就业主管部门不予签订、不予审批就业方案和核发《就业报到证》；对就业双方存在的劳动争议和违约等问题，进行协调处理。必要时还可以通过新闻媒体的舆论监督作用揭露某些用人单位在招聘和试用毕业生过程中的不公平、不公正行为，以引起社会重视，使一些本来并不复杂、完全应该有公正结果，但却迟迟得不到解决的问题得以解决，这在一定程度上可以遏制毕业生就业过程中不公正现象的滋生和蔓延。

2. 高等院校的保护　学校可以通过各种途径向毕业生提供真实可靠的用工信息；对毕业生进行有效的全程就业指导，要提醒毕业生在就业中存在着若干不公平、不公正行为，甚至存在求职陷阱；在毕业生签订就业协议过程中，要予以监督和指导，对用人单位与毕业生签订的不合法的就业协议，学校有权拒签。

3. 毕业生的自我保护

（1）加强学习，树立维权意识、法纪意识、诚信意识。大学毕业生在就业中的权利是法律赋予的。要掌握《民法》、《劳动法》、《劳动合同法》等相关法律及政策，做到知法、学法、懂法，维护自身的合法权益。

（2）遵循市场规则，预防侵害自身权益行为的发生。毕业生求职过程中，要有风险意识，对于有些用人单位夸大优厚条件，以欺骗手段吸引人才的作法要有提防戒备心理，预防自身合法权益受到侵害。

（3）用法律手段维护自身合法权益。由于毕业生就业市场发育不够成熟，有关法律、法规和规章尚不健全，毕业生在就业过程中的一些合法权益有时会受到侵害。此时，毕业生有权向用人单位的上级主管部门、向高校、向劳动行政部门申诉并听取他们的处理意见；也有权要求劳动争议仲裁和向法院起诉；还可以借助新闻媒体进行救助，通过各种合法途径维护毕业生在就业中的合法权益。

参 考 文 献

冰启 . 2003. 破解就业难的四大策略 . 上海教育,(2):21-24

蔡笑岳 . 2000. 心理学 . 北京:高等教育出版社

陈德富,王振武 . 2009. 当代大学生心理健康 . 北京:冶金工业出版社

高书杰,张淑华,闫宝华 . 2006. 大学生心理卫生与健康教育 . 长春:吉林大学出版社

郭继严 . 2001. 中国就业战略研究 . 北京:经济管理出版社

胡鞍钢 . 1998. 就业与发展——中国失业问题与就业战略 . 沈阳:辽宁人民出版社

胡凯等 . 2008. 大学生心理健康理论与方法 . 北京:人民出版社

黄训美 . 2001. 大学生心理保健 . 北京:人民出版社

姜怡,裴裴,张明坤 . 2004. 职场维权指南 . 福州:福建人民出版社

井海明,王淑玉 . 2006. 国外大学生就业模式及其对我国的借鉴意义,中国青年政治学院学报,(6):31-35

李成勋 . 1999. 2000 年的中国 . 北京:人民出版社

刘慧晏 . 2001. 当代青年心理学 . 青岛:青岛出版社

刘久成 . 2000. 知识经济与大学生素质论纲 . 北京:人民公安大学出版社

刘新民 . 2009. 大学生心理健康的维护与调适 . 北京:中国科学技术大学出版社

辽宁省教育厅组编 . 2004. 大学生就业与创业指导 . 沈阳:辽宁大学出版社

辽宁省教育厅组编 . 2008. 大学生职业发展与就业创业概论(本科版). 大连:大连理工大学出版社

辽宁省教育厅组编 . 2009. 大学生职业发展与就业创业概论(修订版 本科). 大连:大连理工大学出版社

辽宁省教育厅组编 . 2011. 大学生职业生涯发展与规划 . 沈阳:辽宁大学出版社

吕育康 . 2001. 职业教育新论 . 北京:经济科学出版社

马长英 . 2001. 大学生问题 . 北京:中国青年出版社

毛富强,毛兴民 . 2001. 青少年心理诊所 . 广州:花城出版社

佩英,陈继海 . 2000. 狂想的抉择 . 北京:光明日报出版社

漆浩 . 2003. 妇女权益保护手册 . 北京:蓝天出版社

汝信 . 2000. 2000 年中国社会形势分析与预测 . 北京:科学文献出版社

孙玲 . 2005. 当前大学生就业政策研究,黑河学刊,(7):77-79

田建国 . 2001. 大学素质教育纵横谈 . 济南:山东教育出版社

王丽娟 . 2011. 中国大学生就业权益的法律保护 . 南京:南京大学出版社

五裕国,陈爱民 . 2001. 中国劳动力市场培育与再就业问题研究 . 成都:西南财经大学出版社

谢维和,王洪才 . 2001. 从分配到择业 . 北京:教育科学出版社

严中华 . 2000. 大学生自我管理技能开发 . 广州:华南理工大学出版社

杨凯,李彬 . 2007. 职场新手维权 100 问 . 北京:科学出版社

杨眉 . 2001. 大学生健康人格塑造 . 北京:中国青年出版社

杨宜勇 . 2000. 就业理论与失业治理 . 北京:中国经济出版社

杨忠旺 . 2006. 当前大学生就业形势及对策分析,科教文汇,(1):1-2

尹卓,梅新和 . 2005. 劳动纠纷案例精析 . 北京:法律出版社

赵履宽 . 1998. 劳动就业与劳动力市场建设 . 苏州:江苏人民出版社

郑美玉,李运庆 . 2006. 韩国大学毕业生的就业问题及对策研究,江苏高教,(3):97-100

周德田 . 1998. 中国就业问题报告 . 沈阳:沈阳出版社